# DIE SECHZIGER JAHRE

Markus Caspers

# WOHLSTAND FÜR ALLE

## DIE SECHZIGER JAHRE

NGV

# INHALT

# EINLEITUNG

Jahrzehnte sind manchmal bunt, manchmal wild, manchmal träge. Letzteres gilt für die 60er Jahre bestimmt nicht. Den Muff und die Armut der Nachkriegsjahre hat man hinter sich gelassen. Jetzt heißt es leben, genießen, konsumieren.

Kuba-Krise, Mondlandung, Beatle-Mania, Pille, Nordseeflut, Berliner Mauer, Wembley, Willy Brandt, Twiggy-Look und Minirock, Lengede, Plastikmöbel, Knautschlack, Open-Air-Festivals, APO, Farbfernsehen, Autobahnen, Adria-Urlaub, Pizza, Studentenproteste, Große Koalition, Käfer, Kadett und Taunus, Aufklärungsfilme, Beat Club, Edgar-Wallace-Filme, Winnetou ...

Wir konnten nicht alles berücksichtigen. Was dem einen wichtig erscheint, findet der nächste nur zweitrangig. Wir haben versucht, aus der Masse der Bilder eine repräsentative Auswahl zu filtern, die jedem Leser dieses aufregende Jahrzehnt wieder ins Gedächtnis ruft. Begonnen beim alltäglichen Leben über die Zeit- und teilweise Weltgeschichte, die Popkultur, das Wohnen, die Mode, das Fernsehen und das Kino, die Kunst, den Sport und technische Neuerungen spannt dieses Buch einen detailreichen Bogen über die Jahre zwischen 1960 und 1969. Viel Spaß bei dieser Zeit- und Bilderreise!

Als die Welt noch in Ordnung war: Kinder beim Indianer-Spiel in Düsseldorf, aufgenommen Mitte der 60er Jahre.

# ALLTAG

Weisser
Büffel

# ALLTAG

Es war eine heitere Zeit. Man freute sich auf den neuen Wagen, auf die neue Wohnungseinrichtung, auf die nächste Urlaubsreise. Es gab noch Vollbeschäftigung, allen sollte es besser gehen, und das war auch so. Der Glaube an den Fortschritt, sowohl in sozialer wie technologischer Hinsicht, war ungebrochen. Soziale Marktwirtschaft hieß das Zauberwort, Wohlstand für alle. Eigenheime, Autobahnen, Freibäder. Man träumte vom ersten Menschen auf dem Mond, von der Besiedelung der Meere. Man wurde mobil und stieg vom Motorrad aufs Auto um. Die Ferien wurden nicht mehr nur im Heimatland verbracht, sondern man fuhr mit der Bahn oder dem Auto nach Italien, nach Spanien, auf jeden Fall ans Meer. Flugreisen wurden alltäglich, die Bahn richtete Arbeitsabteile mit Schreibbüros und Telefon ein. Die Jugendkultur schuf ihr eigenes Imperium, der Beat eroberte die Welt. Die Haare wurden länger, die Moral lockerte sich, die Rhythmen wurden schneller. Man redete über Sex, die Pille veränderte das Verhältnis zum Körper und zum anderen Geschlecht. Jugendkultur und politische Einstellung gingen eine Zeit lang konform und mündeten in Aufbegehren und großem Aufräumen. Die Welt wurde bunter, vielfältiger. Man orientierte sich wieder international: In der Kunst, in der Mode, in den Möbeln, überall. Die 60er Jahre: Im Grunde ein sorgloses Jahrzehnt ...

# Einführung

Endlich da und stolz präsentiert: Der neue Wagen, in diesem Fall ein Opel Rekord L.

Wie das so ist: Die einen finden's gut, die andern schmollen. Kinder beim Spiel im anderen Deutschland.

Die Flimmerkiste hält Einzug in die gute Stube. Von Anfang an halten sich Faszination und Misstrauen die Waage. Familie vor dem Fernseher, 1960.

Unter Anleitung eines jüngeren Bruders, der sich als Dirigent versucht, spielen drei Geschwister während der Adventszeit im Dezember 1963 ein Lied auf ihren Blockflöten. Mutti, den Kleinsten auf dem Schoß, freut sich über ihre musizierenden Kinder.

# Als noch alles gut war

Als Kinder noch selbstverständlich waren und überall mit dabei: Skeptische Idylle vor VW Käfer, 1968.

Schaukelpferd und Schaukelhund. Werbefotografie aus der DDR von 1969. Schöne neue Welt zwischen Platten und Sandkasten.

Lehrermangel, Schülerschwemme, Bildungsmisere: Die 60er Jahre sind vom Umbau des Bildungssystems geprägt, das sich als nicht mehr zeitgerecht herausstellt.

Ein so genanntes »Mikätzchen« wird 1964 in einer Düsseldorfer Schule begrüßt. Mikätzchen sind Aushilfslehrer, die in einem einjährigen Kursus zu Pädagogischen Hilfskräften ausgebildet werden, um damit dem chronischen Lehrermangel in der Bundesrepublik Abhilfe zu schaffen. Den Namen haben sie vom Nordrhein-Westfälischen Kultusminister Mikat.

Für mehr Schüler mit Abitur und Mittlerer Reife wirbt die Anzeigenkampagne aus dem Jahr 1967.

## Lernen fürs Leben

Die Experimente beginnen nicht erst 1968: Schüler verschiedener Altersstufen während einer Unterrichtsstunde in der Ludwig-Beck-Schule in Wiesbaden 1965. Dort wird versuchsweise die klassenlose Schule praktiziert.

Melden reicht, Disziplin ist vorhanden: Schüler der 8. Klasse beim Physikunterricht in einer Volksschule in Duisburg-Hamborn im Jahre 1965.

Butterbrote, Thermoskanne, Badetuch, mehr braucht man nicht, um etwas zu erleben. Schulausflug an den Rhein-Herne-Kanal, 1965.

Und nach der Schule ab ins Freibad, mal gucken, wie die Großen sind: Mach nochmal den »Köpper«! Teenager im Gruga-Bad Essen 1965.

# Abenteuer Straße

Die Zeit des Quartetts: Die unschlagbaren Vier. Mit diesen Karten warst du König des Schulhofs und des Kinderzimmers.

Willkommene Ablenkung vom Schulalltag und in Ermangelung teurer Abenteuerspielplätze: Schüler turnen auf ihrem Weg zur Schule an einem Straßengeländer, 1964.

Weihnachtspropaganda anders herum: Während im Westen tonnenweise Zonenpäckchen für die arme Verwandschaft »drüben« gepackt wurden, beschenkte man im Osten einfach nur Oma und Opa, wie das Bild der DDR-Nachrichtenagentur zeigen will.

Ein kleines Mädchen spielt unter dem Weihnachtsbaum mit ihrer neuen Puppenstube, während ihr Bruder noch überlegt, ob er mitspielen soll/kann/darf.

Die Brüder freuen sich an Heiligabend 1960 über die auf dem Wohnzimmertisch aufgebaute elektrische Eisenbahn. Denn nach den Weihnachtsferien verschwand dieselbe für ein Jahr wieder im Keller.

## Wie Weihnachten

Für Jungs war es eine klasse Zeit: Das typische Indianer-Tipi für den Garten, leider nicht zum Übernachten geeignet.

Gab's beim Schuhe kaufen gratis dazu: Lurchis Abenteuer (rechts oben). Lurchi machte alles mit, was in der Zeit gerade wichtig war und flog natürlich schon zum Mond, bevor ein Mensch dort landete. Ein kleiner Schritt für den Salamander, ein großer Schritt fürs Kinderzimmer.

Bevor die dänischen Plastikbausteine den Siegeszug im Kinderzimmer antraten, gehörte der Metallbaukasten zur guten Grundausstattung eines Jungenzimmers. Kräne, Bagger, Lastwagen, Maschinen aller Art ließen sich zusammenschrauben.

Herz, was willst du mehr? Das Größte schlechthin für einen Jungen ist ein fahrbarer Untersatz mit vier Rädern. Tretauto und Kettcar waren deshalb unter Bürgersteig-Piloten kaum zu toppen.

# Vier Räder müssen sein

Wenn es für die große Rennbahn nicht reicht, kann der Zugriff auf Papas Geldbörse vielleicht durch diese Rennbahn im H0-Eisenbahnformat erleichtert werden. Schwäbische Feinmechanik, die im Kampf der Systeme irgendwann den Kürzeren ziehen musste.

Flüchtiges Vergnügen auf dem Jahrmarkt am Auto-Scooter; 1965.

Als Trampen noch zum Alltag gehörte: Im Duffle-Coat Anfang der 60er Jahre von Jülich nach Köln.

Glücklich, wer ein eigenes Zimmer besaß. In den späten 60er Jahren werden aus Kinderzimmern Jugendzimmer mit eigener Möblierung. Auf dieser Aufnahme von 1964 ist alles versammelt, was Jugend ausmacht: Plattenspieler, Radio, Zeitschriften, Starposter, Gitarre. Nur an der Tapete muss noch gearbeitet werden.

Postkartenmotiv aus den frühen 60er Jahren. Alte Etikette einerseits, neue Freiheiten andererseits: Man muss sich nur zu helfen wissen.

Drei junge Mädchen in der Hollywoodschaukel beim Betrachten eines Fotoalbums. Unbeschwerte Idylle mit zeitgemäßen Frisuren von 1965.

Schaufenster eines Miederwaren-Fachgeschäftes in Ostberlin, 1964. Ein Passant bewundert sehnsüchtig die Auslagen.

Einmal Nacken rasieren, bitte! Zwei Friseurinnen schneiden in einem Salon zwei Männern die Haare. Aufnahme vom Februar 1966. Beim Friseur konnte sich der Herr auch mit »Hygieneartikeln« versorgen.

# Das andere Geschlecht

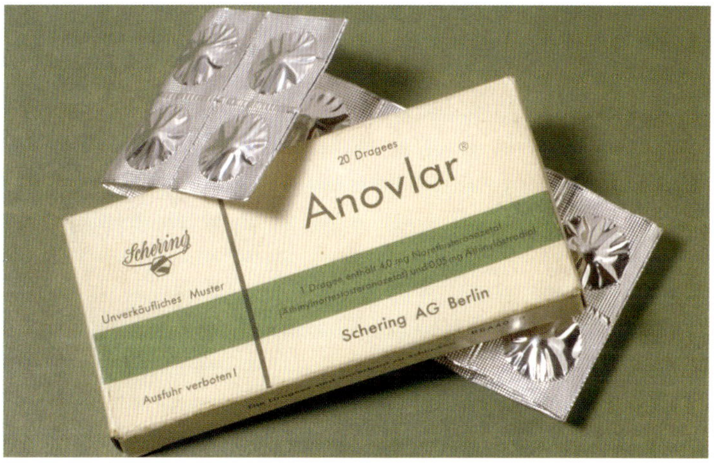


Fragen über Fragen, formuliert von der TWEN 1967.

1961 bringt die Berliner Schering AG mit Anovlar die erste Antibabypille in Deutschland auf den Markt. Die Pille war höchst umstritten und kollidierte mit den Moralvorstellungen vor allem in den katholischen Teilen Deutschlands. Schering führte daher die Pille als »Mittel zur Behebung von Menstruationsstörungen« ein. Sie wurde zunächst nur verheirateten Frauen verschrieben.

1965 folgt in der DDR VEB Jenapharm mit Ovosiston. Nachdem die Pille in den frühen 70er Jahren selbstverständlich geworden war, setzte der so genannte »Pillenknick« ein.

Wenn man nur im eigenen Land Urlaub machen darf, muss man die Vorzüge des Campings am Heimatstrand preisen: Werbung für DDR-Zelte von 1962. Auto, Schmalfilmkamera, Luftmatraze, Picknicktisch und Sonnenanbeterin, alles was das Camperherz begehrt.

Der Tank ist voll, der Motor brummt, jetzt kann's losgehen in den Urlaub: Gasolin-Tankstelle in Bremen um das Jahr 1960 mit dem selbstverständlichen Tankwart und Kunden in einem VW Karmann Ghia.

EIn bisschen Luxus und das Flair der großen weiten Welt genießen: Urlauberinnen an der Riviera im Kampf um jeden Quadratzentimeter braune Haut.

# Urlaub

Urlauber genießen ihre Getränke an der modernen Bar des FDGB-Heimes »Fritz Reuter«. In der Nähe des Ostseebades Boltenhagen wurde ein Urlauberdorf mit 56 Häuschen sowie das FDGB-Heim »Fritz Reuter« mit Kultursaal, einer Bar und einem Café gebaut. Aufgenommen im März 1961.

Der Klassenfeind liegt auf der faulen Haut, der Werktätige hält sich fit: Unter der Leitung von Sportlehrern wird im Ostseebad Heringdorf täglich auf drei Plätzen am Strand Gymnastik angeboten. »Seit Saisonbeginn am 15. Mai nahmen bis zum 15. August 1962 schon mehr als 10.000 Urlauber an den Stunden teil.«

Ob auf dem Campingplatz oder dem Balkon: Grill- und Partysnacks aus den frühen 60ern. Bescheidenes Mahl mit dem Touch des Exotischen.

# Essen und Trinken

Im Ausland bloß auf nichts verzichten müssen: Würstel, Bier und Eis, alles für die Deutschen. Ein Restaurant an der Adria hat sich bereits 1960 auf die zahlungskräftige Klientel aus dem Norden eingestellt.

Je besser das Reisegefährt, umso weiter die Reise. Nach Italien entdecken die deutschen Urlauber Spanien. Eine frühe Campinganlage an der Costa Blanca.

Die Mutter aller Wohnmobile ist ein umgebauter VW-Bus und wird als Westfalia-Camper berühmt.

# Urlaub

Nicht ohne meine Autos. Zeittypische Ansammlung verschiedener Mittelklassewagen an einem dänischen Strand.

Urlauberinnen 1966 am Strand von Benidorm, der spanischen Bettenburg der ersten Stunde.

# ZEITGESC

Nun scheint es endgültig: Die Mauer trennt Berlin.

CHEHEN

Die 60er Jahre in Deutschland sind die Jahre der endgültigen Teilung durch die Mauer und Jahre der langsamen Annäherung von DDR und BRD durch die Ostpolitik. Nach Mauerbau und Kubakrise, nach Kennedys Berlin-Besuch und seiner Ermordung in Dallas sind vor allem zwei Katastrophen im Gedächtnis geblieben: Die große Sturmflut von 1962 und das Grubenunglück, das 1964 als »Wunder von Lengede« in die Geschichte eingeht. Innenpolitisch geht die CDU-Zeit langsam ihrem Ende entgegen: Erhard, der Architekt des Wirtschaftswunders, bleibt als Kanzler ohne Fortune. Eine große Koalition mit Brandt als Vizekanzler entsteht. Nach dem Umschwenken der FDP beginnt 1969 die Zeit der sozialliberalen Koalition. Die 60er Jahre sind aber auch die Zeit der Gastarbeiter, der Kämpfe um die 40-Stunden-Woche, der Pille und der neuen Freiheiten, der Studenten- und der Friedensbewegung. Die Zeit der Spiegel-Affäre, der Gründung des ZDF und, und, und ...

»Niemand hat die Absicht, eine Mauer zu bauen.« Das Gegenteil von Ulbrichts Worten tritt ein. Die deutsche Teilung wird 1961 zementiert. Arbeiter erhöhen die Sektorensperre an der Bernauer Straße. Die Arbeiten an der Sperrmauer werden in der Harzer, der Heidelberger und der Bouchéstraße sowie in der Bernauer Straße an der Grenze zum Westberliner Bezirk Wedding durchgeführt. Fast Abend für Abend kommt es an diesen Mauerabschnitten zu Zwischenfällen.

Schließung der Chausseestraße am 4. Dezember 1961 unter Aufsicht bewaffneter Volkspolizei.

Leben mit dem Stacheldraht. Kleiner Junge an der Berliner Mauer, 1961/62

# »ich bin ein Berliner«

Im November 1964 durften erstmals seit dem Bau der Mauer Rentner aus der DDR in den Westen reisen. Rentner aus der DDR werden am Sektorenübergang Oberbaumbrücke von ihren Verwandten begrüßt. Grundlage der Besuche ist das Passierscheinabkommen vom September 1964, in dem geregelt wird, das DDR-Rentner bis zu vier Wochen im Jahr zu Verwandten in West-Berlin und in die Bundesrepublik reisen dürfen.

# Ich bin ein Berliner

US-Präsident John F. Kennedy am 26. Juni 1963 in Berlin. Während der acht Stunden dauernden Visite in der geteilten Stadt spricht Kennedy in seiner Rede an die begeisterte Bevölkerung vor dem Schöneberger Rathaus den berühmten Satz »Ich bin ein Berliner«.

Bundesverteidigungsminister Franz Josef Strauß, 1960. Strauß entwickelt sich nach dem Zweiten Weltkrieg zu einer der schillerndsten Polit-Persönlichkeiten der Bundesrepublik. Bereits 1955 war er Atomminister. Als Verteidigungsminister (seit 1956) stürzt er 1962 über die Spiegel-Affäre. Den CSU-Vorsitz hat er seit 1961 inne, das Amt des bayerischen Ministerpräsidenten seit 1978. Etliche Affären sowie seine keine Konfrontation scheuende Art machen Strauß zu einem der bekanntesten und umstrittensten Politiker der deutschen Nachkriegsgeschichte.

Die Affäre: Der Abdruck eines Interviews und angeblich die Sicherheit der Bundesrepublik gefährdende Dokumente veranlassen die Staatsanwaltschaft, die Redaktionsräume des Magazins »Der Spiegel« zu durchsuchen und den Herausgeber Rudolf Augstein zu inhaftieren. Doch Solidarität und Proteste der deutschen Presse und der Öffentlichkeit sind größer als erwartet. Der Vorwurf des Landesverrats wird fallen gelassen, Strauß muss gehen.

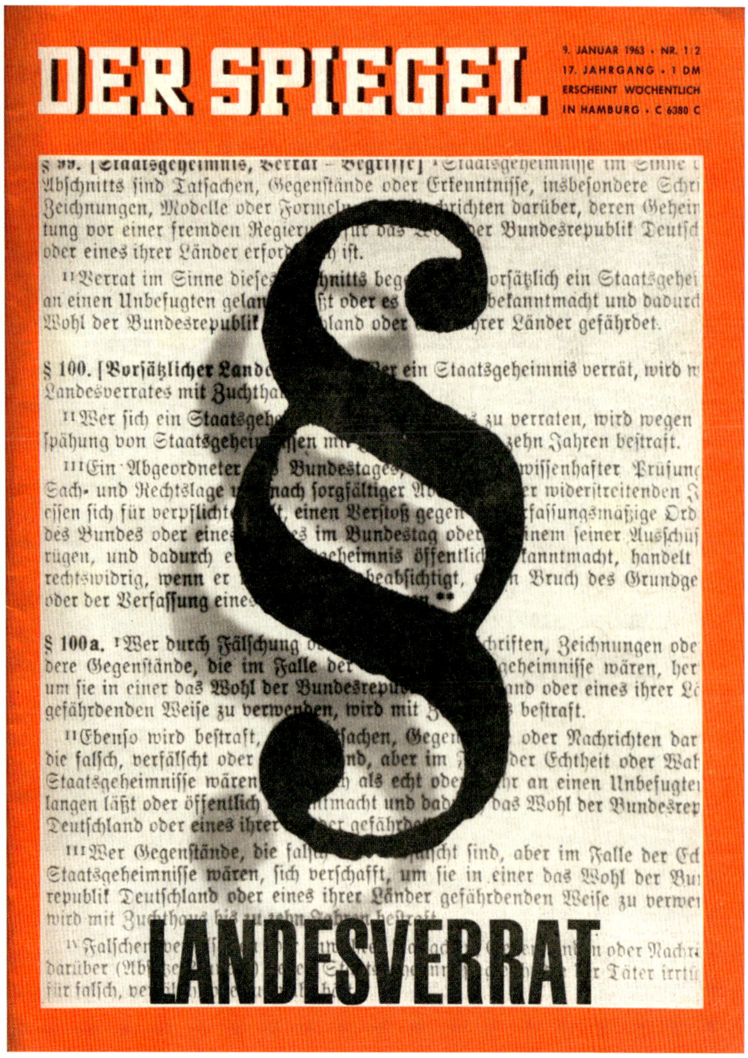

## Spiegel-Affäre und Contergan-Skandal

Zwischen 1958 und 1962 werden durch die Einnahme des Schlafmittels Contergan während der Schwangerschaft weltweit etwa 8.000-12.000 Kinder mit schweren Fehlbildungen geboren; viele davon sterben. Thalidomidhaltige Präparate, u. a. Contergan, werden von der Firma Grünenthal aus Stolberg bei Aachen ohne ordnungsgemäße vorherige Prüfung und ohne die Warnung, die Einnahme während der Schwangerschaft auszuschließen, von 1957 an vertrieben. Meldungen von schweren Gesundheitsschäden werden ignoriert, erst ein Zeitungsartikel im November 1961 bringt das Unternehmen dazu, die thalidomidhaltigen Präparate aus dem Handel zu ziehen.

In der Nacht vom 16. auf den 17. Februar 1962 bricht über die deutsche Nordseeküste die schwerste Sturmflut seit über 100 Jahren herein. Orkanböen mit Geschwindigkeiten bis zu 200 Kilometern pro Stunde und meterhohe Fluten lassen zahlreiche Deichabschnitte an der Küste, der Unterelbe und der Weser brechen. Am schlimmsten trifft die Flutkatastrophe das über 100 Kilometer von der Küste entfernt gelegene Hamburg. Ganze Stadtteile stehen unter Wasser. Über 60.000 Bewohner südlich der Elbe werden obdachlos. Strom, Gas und Wasser fallen in der Millionenstadt aus. 319 Menschen sterben.

# Die große Flut

Mit Booten werden vom Wasser eingeschlossene Bewohner aus Wilhelmsburg geborgen. Alleine in diesem Hamburger Stadtteil sterben 200 Menschen.

Hamburgs Innensenator Helmut Schmidt ist anwesend bei der Verleihung der Dankmedaillen der Freien und Hansestadt Hamburg an 400 Soldaten, die während der Flutkatastrophe im Februar 1962 ihren Einsatz geleistet haben. Das Management der Krise bringt Schmidt den Beinamen »der Macher« ein.

129 Männer werden am 24. Oktober 1963 im Schacht Mathilde von 500.000 Kubikmetern Wasser und Schlamm überrascht. 86 können sich noch am selben Tag retten; für 43 scheint jede Hoffnung verloren. Am 7.11. folgt das »Wunder von Lengede«: Elf Bergleute werden nach zwei langen Wochen aus 60 Metern Tiefe ans Tageslicht geholt.

In der Nacht zum 29. Oktober wird an der Unglücksstelle die größte fahrbare Bohranlage der Bundesrepublik errichtet. Am 7. November 1963 werden 500 Menschen Augenzeugen der dramatischsten Rettungsaktion in der Geschichte des deutschen Bergbaus. Zwei Wochen nach dem Schlammwasser-Einbruch können die elf Kumpel mit der Dahlbusch-Bombe aus der Erzgrube Mathilde befreit werden; für 29 kommt leider jede Hilfe zu spät.

Ein sichtlich bewegter Bundeskanzler Ludwig Erhard bei seinem Besuch der Schachtanlage.

# Das Wunder von Lengede

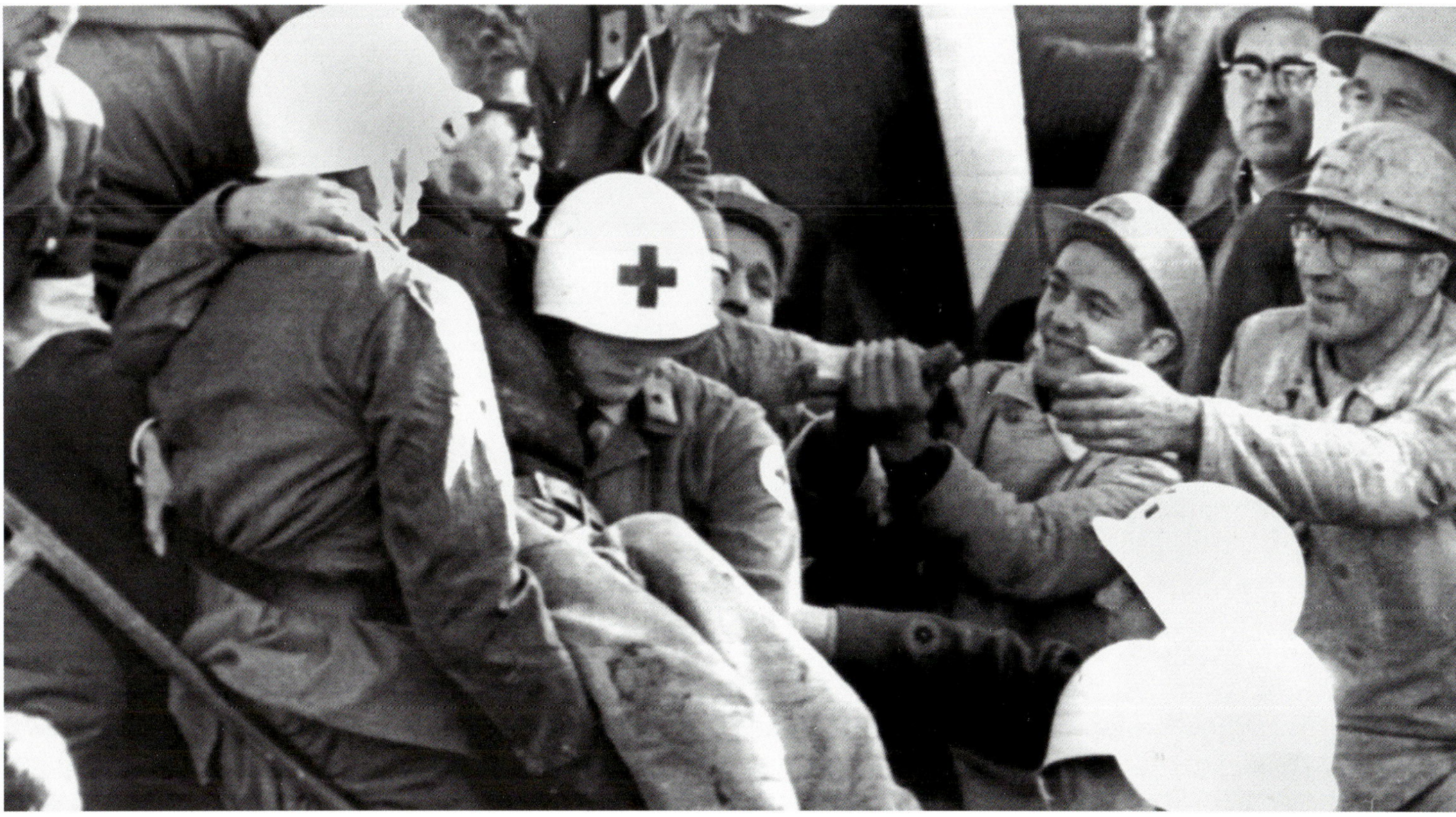

Gerettet! Rot-Kreuz-Helfer tragen am 7.11.1963 einen der befreiten Bergleute ins Freie. Das »Wunder« ist geschehen.

Einer der Überlebenden, der Bergmann Fritz Leder. Drei der eingeschlossenen Bergleute, zu denen mittels einer Versorgungsbombe Kontakt besteht, erhalten am 30. Oktober 1963 eine Kamera, um Aufnahmen von sich zu machen.

Als das Wirtschaftswunder noch wirkte: Frauen bei Spielzeuglokomotiv-Montage in der Spielzeugfabrik Märklin in Göppingen 1960.

Fertigstellung des 5-millionsten VW-Käfer im Werk Wolfsburg, 1961. Weitere 11 Millionen sollten bis 1980 folgen und damit Fords Modell »T« als erfolgreichstes je gebautes Auto ablösen.

Verladung von VW-Bussen und Käfern auf das norwegische Spezial-Motorschiff »Jarabella« am 10. März 1965 im Emdener Hafen. Insgesamt wurden 1125 Volkswagen zur Verschiffung nach Baltimore (USA) auf das Frachtschiff verladen. Die Produktion im VW-Werk in Emden ist ausschließlich für die Belieferung des nordamerikanischen Marktes bestimmt. 1964 werden über 325.000 Volkswagen in die USA verkauft.

Boom und Krise

Originalton: »Mit stolzer Miene sitzt der millionste Gastarbeiter der Bundesrepublik, Armado Rodrigues aus dem kleinen Dorf Vale de Madeiros in Portugal, auf dem Moped, das er bei seiner Ankunft im Köln-Deutzer Bahnhof geschenkt bekommt. Nach mehr als zwei Tagen Fahrt war er nicht darauf gefasst, bei seiner Ankunft mit Pauken und Trompeten, deutschen Märschen und »Auf in den Kampf Torero« begrüßt zu werden.«

# Gastarbeiter

In der Bergbauleitstelle Essen-Heisingen sind am 22. November 1960 362 Griechen eingetroffen, die im Ruhrgebiet als Bergleute arbeiten wollen. Rund 800 Griechen arbeiten bereits auf Gruben der Steinkohlereviere an der Ruhr und bei Aachen.

Mit dem Wirtschaftswunder der Bundesrepublik werden immer mehr Arbeitnehmer gesucht, die auf dem inländischen Markt nicht mehr zu finden waren. Mit Italien wird 1955 das erste Anwerbeabkommen abgeschlossen, es folgen Griechenland, Spanien, die Türkei, Marokko, Portugal, Tunesien und Jugoslawien. Weil mit dem Mauerbau 1961 der Zustrom von ostdeutschen Arbeitskräften endet, ist die Anwerbung außerhalb Deutschlands noch dringlicher geworden. Sowohl die Bundesrepublik Deutschland als auch die »Gastarbeiter« gehen dabei von einem befristeten Aufenthalt aus. Die meisten machen sich mit wenig Informationen auf den Weg nach Deutschland. Lebens- und Arbeitsbedingungen der Zuwanderer bleiben lange sehr bescheiden. Ihr Ziel ist, einen großen Teil des Einkommens nach Hause zu schicken oder zu sparen, um im Heimatland später eine bessere Existenz aufbauen zu können. Daher akzeptierten sie eher als die Deutschen »schmutzige« und körperlich schwere Arbeiten.

Drei italienische Gastarbeiter stehen 1961 vor einem modernen Junggesellenheim in Braunschweig. In dem Wohnblock stehen rund 250 Betten für alleinstehende, ausländische Arbeitnehmer zur Verfügung. Die Zimmer, die mit ein bis drei Mann belegt werden, liegen im 9. bis 11. Stockwerk und kosten inklusive Heizung und Wäsche zwischen 55 und 62 Mark.

Er gilt als Schöpfer des deutschen Wirtschaftswunders, sein Markenzeichen ist die stets brennde Zigarre, die Miniatur des qualmenden Schornsteins einer florierenden Industrie: Ludwig Erhard. Dem Wahlkampfstrategen werden die großen Wahlsiege der CDU bei den Bundestagstagswahlen von 1953 und 1957 zugeschrieben. Er selbst lehnt den Begriff Wirtschaftswunder ab, besteht darauf, dass Wirtschaftswachstum Ergebnis einer erfolgreichen marktwirtschaftlichen Politik ist. 1966 scheint die Erfolgsgeschichte zu Ende. Rezession, Wahlschlappe der CDU, Große Koalition.

Gegensätze: Der Mercedes 600 avanciert innerhalb kürzester Zeit nach seiner Präsentation 1963 zum Statussymbol sowohl von Wirtschaftskapitänen als auch von Potentaten aller Couleur. Typisch deutsch: Gediegen, sachlich, zweckmäßig; schlicht »das beste Auto der Welt«. Understatement für damals unglaubliche 60.000 D-Mark.

Rund 10.000 Menschen versammeln sich am 20. Mai 1967 auf dem Altmarkt in Oberhausen, um gegen die geplante Schließung der Zeche Concordia zu demonstrieren. Der Niedergang des Steinkohlereviers kündigt sich an.

Ende des
Wirtschafts-
wunders

Vera Brühne während der Prozesseröffnung am 25. April 1962 auf der Anklagebank. Was zunächst wie ein normaler Mordfall aussah, entwickelte sich in den folgenden Jahren zu einem Justizdrama und Medienspektakel ohnegleichen. Man sprach von Ermittlungspannen, zurück gehaltenen Erkenntnissen und politischer Parteinahme.

Vera Brühne und der Montageschlosser Johann Ferbach wurden Anfang der 60er Jahre des heimtückischen Mordes aus Habgier an dem Arzt Dr. Otto Praun und dessen Haushälterin Elfriede Kloo beschuldigt. Das Münchner Schwurgericht verurteilte die Angeklagten am 4. Juni 1962 auf Grund von Indizien sowie von Geständnissen, die Vera Brühne gegenüber ihrer Tochter Sylvia und Johann Ferbach gegenüber seinem Mitgefangenen Siegfried Schramm gemacht hatten, zu lebenslanger Freiheitsstrafe. Johann Ferbach verstarb in der Haft.

Vera Brühne, die immer ihre Unschuld beteuerte und deren Fall großes Medieninteresse erregte, wurde kurz vor Weihnachten 1979 von dem damaligen bayerischen Ministerpäsidenten Franz Josef Strauß nach 18 Jahren Haft begnadigt.

Staatsbegräbnis für den am 19. April 1967 verstorbenen Alt-Bundeskanzler Konrad Adenauer: Pontifikal-Requiem im Kölner Dom.

»Der Alte«, wie er respektvoll genannt wurde, war von 1949 bis 1963 Bundeskanzler gewesen und hatte die Geschicke der Bundesrepublik so lange gelenkt wie nach ihm nur Helmut Kohl.

Sicher ist sicher: Ein Schaukasten der Deutschen Bundesbahn, September 1965, in dem Wahlplakate mit dem Konterfei von Ludwig Erhard und dem Portrait von Willy Brandt mit einem Werbeslogan für die Bahn vereint sind. Trotz aller Sicherheitsversprechen reicht es nicht für die CDU/CSU; unter Kanzler Kiesinger bildet sich 1966 die erste Große Koalition aus CDU/CSU und SPD. Vizekanzler und Außenminister wird Willy Brandt.

Viel Feind, viel Ehr': Wegen ihrer guten Zusammenarbeit werden die in konkurrierenden Parteien beheimateten Politiker Strauß und Schiller im Volksmund frei nach Wilhelm Busch als »Plisch und Plum« bezeichnet. Auf dem Foto treffen Bayerns Finanzminister Konrad Pöhner, Bundeswirtschaftsminister Prof. Karl Schiller und Bundesfinanzminister Franz Josef Strauß am 14.03.1968 im Bundesfinanzministerium in Bonn zur konstituierenden Sitzung des Finanzplanungsrates zusammen.

# Koalitionen

Der neue Stil: Zu Gesprächen über die Ressortverteilung im neuen Kabinett kommen die Spitzenpolitiker der Koalitionspartner SPD und FDP am 6. Oktober 1969 im Garten der Dienstvilla des amtierenden Bundesaußenministers Willy Brandt zusammen: Willi Weyer (FDP), Hans Dietrich Genscher (FDP), Hans-Jürgen Wischnewski (SPD), Heinz Kühn (SPD), Walter Scheel (FDP) und Willy Brandt (SPD).

Wahlkampf 1969: Die FDP wirbt für eine neue, kleine Koalition und hat Erfolg damit.

Selbstbewusst in eine neue Zeit. Willy Brandt und Walter Scheel nach der gewonnen Wahl 1969.

Deutsches Wirtschaftswunder: Beate Rotermund, Gründerin und Chefin des Flensburger Versandunternehmens Beate Uhse, im März 1969 vor ihrem Versandhaus in Flensburg.
Von Anfang an auf der Höhe der Zeit: Verwaltung der immensen Beate Uhse-Kundenkartei mit Lochkarten.

Die Zeitschrift TWEN griff sehr früh heikle Themen rund um den Sex auf – Aufklärung und Geschäftssinn hielten sich in der trendigen Verpackung die Waage.

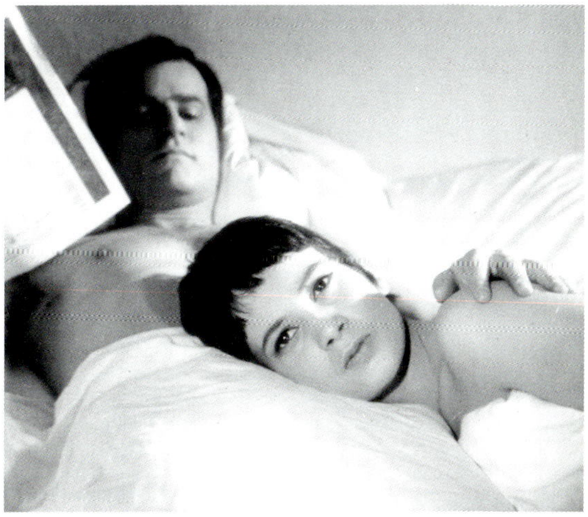

»Zum Beispiel Ehebruch«. Nach den Helga-Filmen, die sich mit Physis und Psyche der Frau beschäftigt hatten, wandte sich Kolle dem Mann zu. Teil 4 der Kolle-Reihe.

Doku-Fiction aus deutschen Schlafzimmern: »Dein Mann – das unbekannte Wesen« war der 5. Teil der Kolle-Aufklärungsfilme, der 1969 unter der Regie von Werner Lenz nach einem Buch von Oswalt Kolle fürs Kino inszeniert wurde. Szene mit Heidi und Michael Maien.

Theodor W. Adorno, Soziologe, Philosoph und Musikwissenschaftler, repräsentiert mit Max Horkheimer die Frankfurter Schule für Sozialforschung. Seine »Kritische Theorie« trägt nicht unwesentlich zur Bildung eines neuen Selbstverständnis der jungen und kritischen Generation der 60er Jahre bei, während die APO ihn später als zu wenig radikal ablehnt.

Ein Kameramann filmt den im Plenarsaal aufgestellten Lageplan des Konzentrationslagers Auschwitz. Am 20. Dezember 1963 wurde in Frankfurt am Main der Prozess gegen 22 ehemalige Bewacher des Konzentrationslagers Auschwitz eröffnet. Wegen des großen öffentlichen Interesses wurden 220 Eintrittskarten an Zuschauer, Prozessbeobachter und Journalisten verteilt. Der Prozess war vom damaligen hessischen Generalstaatsanwalt Fritz Bauer, 1949 als Sozialdemokrat aus dem skandinavischen Exil in die BRD zurückgekehrt, gegen viele Widerstände eingeleitet worden. Die Zeit des Verdrängens und Verschweigens, hervorgerufen durch die Integration großer Teile der Nazi-Eliten während der Adenauer-Ära, war vorbei. Auch in der DDR bewirkten diese Prozesse eine Veränderung in der öffentlichen und wissenschaftlichen Behandlung des Holocausts.

Der Zug der Atomwaffengegner mit ihren Transparenten auf dem Königsplatz in München am 23.4.1962. Im alten Botanischen Garten in München endeten am 23. April 1962 die südbayerischen Ostermärsche der Atomwaffengegner, die an zwei Tagen von Petershausen und Maisach über Dachau nach München geführt hatten. Über 500 Männer, Frauen und Kinder, zahlreiche Transparente mit sich führend, marschierten in München ein.

Der demokratische Kandidat für das Amt des Gouverneurs in Kalifornien, Dr. Carlton Goodlett, spricht 1966 auf einer Kundgebung auf dem Schillerplatz in Stuttgart zu den Demonstranten. Etwa 250 zumeist junge Menschen nahmen an der von pazifistischen Organisationen organisierten Kundgebung gegen den Krieg in Vietnam teil.

Die Teilnehmer einer Anti-Schah-Demonstration vor dem Schöneberger Rathaus in Berlin am 2.6.1967. Der Besuch des persischen Kaisers Schah Reza Mohammed Pahlavi und seiner Gattin Kaiserin Farah Diba, die sich für einen Tag in Westberlin aufhielten, löste Massendemonstrationen und schwere Tumulte aus. Während die Boulevardpresse den Schah und seine Frau hofierte, gleichzeitig die Studentenproteste als gefährliche Aktionen brandmarkte, entstand ein extrem aufgeheiztes Klima.

# Ende der Unschuld

In der Folge der Demonstrationen zum Schah-Besuch wird der Student Benno Ohnesorg von einem Polizisten erschossen.

Durch diesen ersten Toten radikalisierte sich ein Teil der Studenten und glaubte, aus dem Untergrund heraus den Staat und die bürgerliche Gesellschaft als Ganzes bekämpfen zu müssen.

Gefürchtet, gehasst, bewundert, nachgeahmt: Der Studentenführer und SDS-Ideologe (SDS = Sozialistischer Deutscher Studentenbund) Rudi Dutschke spricht am 6. Dezember 1967 in Köln zu über 1000 Studenten.
Am 11. April 1968 wurde Dutschke vor dem SDS-Büro von dem jungen Hilfsarbeiter Josef Bachmann abgepasst, der drei Schüsse auf ihn abfeuerte. Er erlitt lebensgefährliche Gehirnverletzungen und überlebte nur knapp nach einer mehrstündigen Operation. Die Bild-Zeitung hatte Tage zuvor zum »Ergreifen der Rädelsführer« aufgerufen.

Blick in einen verlassenen Raum der »Kommune 1« in einem Hinterhaus der Westberliner Stephanstraße 60, einer ehemaligen Schreinerwerkstatt. Im November 1969 ist der erste Versuch, »den Alltag zu revolutionieren«, gescheitert. Kommunarde Rainer Langhans zog mit Deutschlands schönster Kommunardin, Uschi Obermaier, nach München und ließ die schon legendäre »Kommune 1« in Berlin platzen. Nach seinen eigenen Worten hatte er endgültig »die Schnauze voll«.

Während der Verhandlung gegen eine Studentin am 12. Dezember 1968 vor dem Hamburger Amtsgericht haben sich Studentinnen des Arbeitskreises Emanzipation oben herum entkleidet und die »Ballade von den asexuellen Richtern« von Brecht angestimmt. Da die Angeklagte nur spärlich bekleidet zur Verhandlung erschienen war, hatte der Richter ihrer Ansicht nach als befangen abgelehnt werden müssen. Als der Befangenheitsantrag abgelehnt wurde, entblößten sich die Studentinnen. Die Angeklagte wurde von dem sich unbefangen sehenden Richter freigesprochen.

Zigarren als Provokation: Die vier wegen Brandstiftung Angeklagten Thorwald Proll, Horst Söhnlein, Andreas Baader und Gudrun Ensslin vor der Urteilsverkündung des Landgerichts Frankfurt/Main am 31. Oktober 1968. Damals ahnt niemand, dass die Namen Baader und Meinhoff in den nächsten Jahren zu zweifelhafter Berühmtheit gelangen werden.

Spritzig
schwungvoll
ganz groß!
für Leute von Heute
Pepsi-Cola

afri cola
1968 IM AFRI-COLA* RAUSCH
("alles ist in AFRI-COLA...")
Eine Afri-Cola Spezialität
AFRI-COLA wirkt sofort.
AFRI-COLA IST GENUSS MIT DER SCHWARZEN COLA-BOHNE. FEIERABEND? AFRI-COLA! mini-cola
super-cola ALKOHOLFREIES PARTY-GETRÄNK. flower-cola ERFRISCHUNG AUCH BEI SCHLECHTEM WETTER. pop-op-cola DAS ALTE REZEPT UND DIE NEUE KONZEPTION. maxi - mini - super - flower - pop-op-cola ALLES IST IN AFRI-COLA. eine AFRI-COLA Produktion.
Afri-Cola erhalten Sie jetzt überall in der eleganten neuen Flasche.
Afri-Cola erfrischt sofort.
* Die zeitgemäße elegante Afri-Flasche wurde im Hinblick auf die neuen alkoholfreien Trinkgewohnheiten im Jahre 1970 (2000) für Afri-Cola entwickelt.

Die blauen Blumen der neuen Romantik.
Sinalco Kola.
Sinalco Kola

COGNAC
MONNET
PRODUIT FRANÇAIS
Arcachons, Belons oder Marennes?
Vorzügliche Austern gibt es zwar nicht nur in Frankreich. Aber – gerade dort gibt es sehr viele unterschiedliche Sorten und deswegen wird kein kundiger Franzose einfach »des huitres« bestellen, sondern sehr genau
Von diesen unterschiedlichen Austern wollen wir Ihnen ein wenig berichten. Doch zuvor noch eines: hier und in der ganzen Welt glaubt man, daß Cognac schlechthin schon etwas sehr Gutes sei. Das stimmt. Aber auch bei den Cognacs, bei den »Fines«, wie der Franzose zu den wertvollen Cognacs sagt, gibt es besondere, noch bessere und die Besten. Ein überzeugender Beweis dafür – der beste wahrscheinlich – ist der Cognac Monnet aus Cognac. Denn er stammt aus dem Herzen der sieben Regionen, denen allein es vorbehalten ist, ihre »eaux de vie de vin« Cognac zu nennen
Arcachon
Belon
Marenne

Stammherr
der edle Halbbitter
ein magenbekömmliches Getränk für Verwöhnte...
Dank kostbarer Gewürze aus exotischen Ländern eine Komposition von vollendeter Harmonie.
Und daher schmeckt er.
Stammherr
35 VOL %
DOORNKAAT AKTIENGESELLSCHAFT, NORDEN

PUSCHKIN
FÜR HARTE MÄNNER
Frank S. Thorn: „Der hat Prozente . . ."
Sein Freund: „Harter Tropfen!"
Frank S. Thorn: „Schmeckt ausgezeichnet . . ."
Sein Freund: „Klar wie ein Diamant!"
Frank S. Thorn: „. . . und neutral im Atem."
Sein Freund: „PUSCHKIN . . ."
Frank S. Thorn: „PUSCHKIN für harte Männer!"
Als Geschenk vermittelt durch TELEpresent
1/1 Flasche 55 % DM 12,50 · 1/1 Flasche 40 % DM 10,50
PUSCHKIN
55
Alleinvertrieb durch: H. C. König · Markenvertrieb

Beschwingte
Stunden –
festliche Stunden . . .
Tanzfrohe Stunden werden dann unvergeßlich, wenn sich das Beschwingte mit dem Festlichen harmonisch verbindet: Wenn eine Flasche HENKELL TROCKEN die Stimmung von Höhepunkt zu Höhepunkt führt. Durch seine vollkommene Reife, seine rassige Eleganz und seine schon sprichwörtlich gewordene Bekömmlichkeit hat sich dieser außergewöhnliche Sekt die Gunst der anspruchsvollen Kenner in weitesten Kreisen errungen. Als die meistverlangte Sektmarke steht HENKELL heute unter den großen deutschen Markensekten an erster Stelle.
HENKELL

NEU!
Henkel
dor
nimmt den Schmutz - bewahrt den Glanz!
dor nimmt den Schmutz -
bewahrt den Glanz!
Kein Scheuern! Kein Nachwischen! Kein Nachtrocknen!

Weißer Riese
Seine Waschkraft
macht ihn so ergiebig.

HERBERT LEUPIN
Pril
entspannt
das
Wasser

ATA
Extra fein
Henkel
ATA reinigt alles –
so appetitlich sauber!

Drehbühne
Drehbühne – das gab es bisher nur beim Theater. Stimmt. Doch nun haben wir für alle, die gern bequem fernsehen, eine Drehbühne gebaut: WEGAVISION 3000 L – das Fernsehgerät mit drehbarem Bildschirm. Sie brauchen also nur den Bildschirm in die Richtung zu drehen, in der Sie gerade sitzen.
Aber von WEGA gibt es nicht nur gute Fernsehgeräte. Wir bauen auch hochwertige Stereo-Anlagen. Und exklusive Rundfunkgeräte. In Palisander zum Beispiel. Und sogar in weißem Schleiflack.
Ihr Fachhändler informiert Sie gern. Oder schreiben Sie uns. WEGA-RADIO, 7012 Fellbach.
WEGA
3000 L

„immer mehr hören lieber Saarbrücken"
und auch Dieter Thomas Heck, Deutschlands beliebtester Disc-Jockey, sagt:
europawelle
SAAR
Mittelwelle 1421 kHz = 211 m
Werbefunk Saar GmbH, Saarbrücken

SIEMENS
Caramat
CARAMAT
Sie lesen twen. Sie sind anspruchsvoll. Sie suchen das Besondere. Sie mögen Beat. Sie lieben Jazz. Und Bach und Beethoven. Kompliment, Sie sind ein Individualist. Aber – besitzen Sie auch den Empfänger, den Sie verdienen? Gestern gab es ihn noch gar nicht. Heute lohnt es sich bereits, seinen Namen zu wissen: CARAMAT®. Ein Siemens-Koffersuper der Spitzenklasse. Nimmt Ihnen die Senderwahl ab. Sucht und findet für Sie das Programm. Automatisch. Sogar mit Fernbedienung. Sogar im Auto. Nur Startwippe antippen – die Elektronik holt Ihnen Sender für Sender. Sie können sich ganz aufs Zuhören konzentrieren. Und aufs Genießen. Sie sollten sich den CARAMAT einmal ansehen. Und anhören. Sie werden überrascht sein, wie gut er zu Ihnen paßt. CARAMAT – der Individualist unter den Koffersupern.

# ZUHAUS

Innenansicht des Kunststoffhauses Futuro, das 1968 von dem finnischen Designer Matti Suuronen für die Firma Polykem Ltd. entworfen und zunächst als »After-Ski-Hütte« oder eine Art Wochenendhaus konzipiert war. Das pillenförmige Gebäude im so genannten »Space Design«, das wie ein soeben gelandetes Ufo mit großen Bullaugen wirkt, besteht vollständig aus Kunststoff und ruht auf einem Stahlrohrgestell. Bis 1972 wurde es in Serie hergestellt.

Das Space-Haus Futuro von außen.

**Zwischen visionärem Aufbruch und deutschem Mief schwankt das Stadt- und Häuserbild in den 60er Jahren. Futuristische Experimente machen Lust auf eine optimistisch gesehene Zukunft, aber gebaut wird im rechten Winkel in Beton. Das Jahrzehnt startet gemäßigt modern im Internationalen Stil für Repräsentationsbauten – die Neubaugebiete der Vorstädte, die Trabantenstädte, versinken in trister Rasterarchitektur.**
**Beim Einrichten herrscht sachliche Strenge vor, bis ab 1966 die bunten Kunststoffmöbel von Panton, Colombo und Colani Einzug halten ins deutsche Wohnzimmer. Freilich bleiben die Pop-Sitzschalen exotische Einzelgänger im Ensemble.**

## Aufbruch und Visonen

Die von dem Bostoner Architekten Moshe Safdie für die Weltausstellung in Montreal 1967 entworfene Wohnanlage »Habitat 67«. Der Komplex besteht aus 158 einzelnen Fertigbau-Wohnboxen, die zu einer Art Wohnpyramide aufeinandergestapelt sind. Jedes Wohnmodul hat einen eigenen Balkon, der auf dem Dach eines tieferliegenden Würfels liegt.

Weltausstellung 1967 in Montreal, Teilansicht des Ausstellungsgeländes. Ein architektonisches Versuchslabor, in dem das Bauen für die Zukunft erkundet werden sollte.

# ZUHAUSE

Nicht alles war modern, nicht alles war schick in Deutschland: Vier Kinder stehen vor einem typischen Backsteinhaus in einer Arbeitersiedlung in der Dieselstraße in Duisburg-Hamborn mit dem Hochofen der August-Thyssen-Hütte im Hintergrund. Foto von 1965

Die Kehrseite der Wohlstandsgesellschaft heißt Wegwerfgesellschaft. Müll und Schrebergartenlauben vor Industrieschloten in einem Vorort von Duisburg, 1967.

## deutsche Realität

Junges Paar mit Gast im Wohnzimmer einer Neubauwohnung, aus der Serie Alltag im modernen Deutschland 1961. Sachlich-reduziertes Ambiente und ein Stilmix aus Trödelladen und Funktionalismus.

Schöne neue Welt: Eine Bushaltestelle im Zentrum von Garath, aufgenommen 1967. Rund 18.000 Menschen werden bis Ende 1967 in dieser Trabantenstadt von Düsseldorf wohnen, bis zum Ende des gesamten Bauprogramms sollen es ca. 30.000 sein.

Internationaler Stil, harter Beton-Rationalismus: Eingang und Foyer der Deutschen Oper Berlin, 1961/62.

Weg vom rechten Winkel, ein wenig Nachklang der 50er Jahre: Die Berliner Philharmonie, 1960-63 nach Entwürfen von Hans Scharoun gebaut.

# Hüben wie drüben modern

Internationaler Stil mit alternativen Details in der geteilten Stadt: Blick vom Turm des Roten Rathauses auf das »Haus des Lehrers«, 1961-64 von Hermann Henselmann erbaut, mit einem Bildfries von Walter Womacka und auf die Kongresshalle.

Berlin-Mitte, DDR-Ministerium für Auswärtige Angelegenheiten am Marx-Engels-Platz, von 1964-67 gebaut nach einem Entwurf vom Architektenkollektiv Josef Kaiser.

Einrichtungsvorschlag der Firma Knoll international von 1960 für das deutsche Wohnzimmer. Leichtigkeit, Transparenz, Materialmix.

## Aufbruch ins Moderne

Zwei Beispiele für die gemäßigte Moderne zu Beginn des Jahrzehnts. Skandinavisch beeinflusstes Möbeldesign und große Fensterflächen, die von neuem Wohlstand und neuer Aufgeschlossenheit künden.

Sitzgruppe Quinta, 1959 von Michael Bayer für COR entworfen und die gesamten 60er hindurch produziert.

# Schöner Wohnen

Werbung für neue Tapeten, Anfang der 60er Jahre. Farbe ins Heim zu bringen war die Aufgabe der deutschen Tapetenindustrie. Raufaser weiß galt noch als extravagante Note.

Kontrastprogramm: zwei Tapetenentwürfe aus den Jahren 1965. Links das Motiv »Ostdeutschland« für Revisionisten, Ewiggestrige und Heimatvertriebene. Rechts ein Entwurf aus der Serie »Moderne Kunst«.

Sitzgruppe »Sedia«, Entwurf Horst Brüning 1966. Barbarellas Flokati-Paradies ist im deutschen Wohnzimmer angekommen.

Wohnen für Rationalisten. Schön aufgeräumt und nichts Überflüssiges. Wehe, da liegt mal eine Zeitschrift einfach so auf dem Tisch ...

Für den Funktionalisten und Rationalisten kann es in den 60er Jahren nur eine Marke geben, wenn es um Musik geht. Die Idee mit der ganzen Anlage an der Wand ist aber auch wirklich pfiffig.

Sachliche
Strenge

# ... Triumph der zeitlosen, funktionalen Form ...

Unten: Ein Einrichtungsbeispiel von 1964; Sitzgruppe »Conseta« in einem Arrangement, das fortschrittliche Studienräte anspricht.

Rechte Seite: Die »Sedia«-Gruppe von 1966 mit den geschwungenen Chromfüßen greift das organische Design der 60er Jahre auf und lockt mit knalligen Farben.

Einrichtungsvorschlag mit Tapete »Country« von Rasch, 1966.

Sitzlandschaften für Wohnlandschaften. Der modulare Sessel ist da: »Orbis« Kunststoffschale und Schaumstoffkern. Designed 1969 von Luigi Colani.

Der Kunststoffsessel Polycor, Beispiel für das organische Design der späten 60er Jahre.

Sitzen, liegen, schaukeln – solche Wohnträume kann man sich mit den im Februar 1964 im Haus »Interior« in Frankfurt am Main ausgestellten Möbeln des dänischen Designer Verner Panton verwirklichen.

Modulare Lichtwand mit Wand- und Deckenelementen von Verner Panton, 1969.

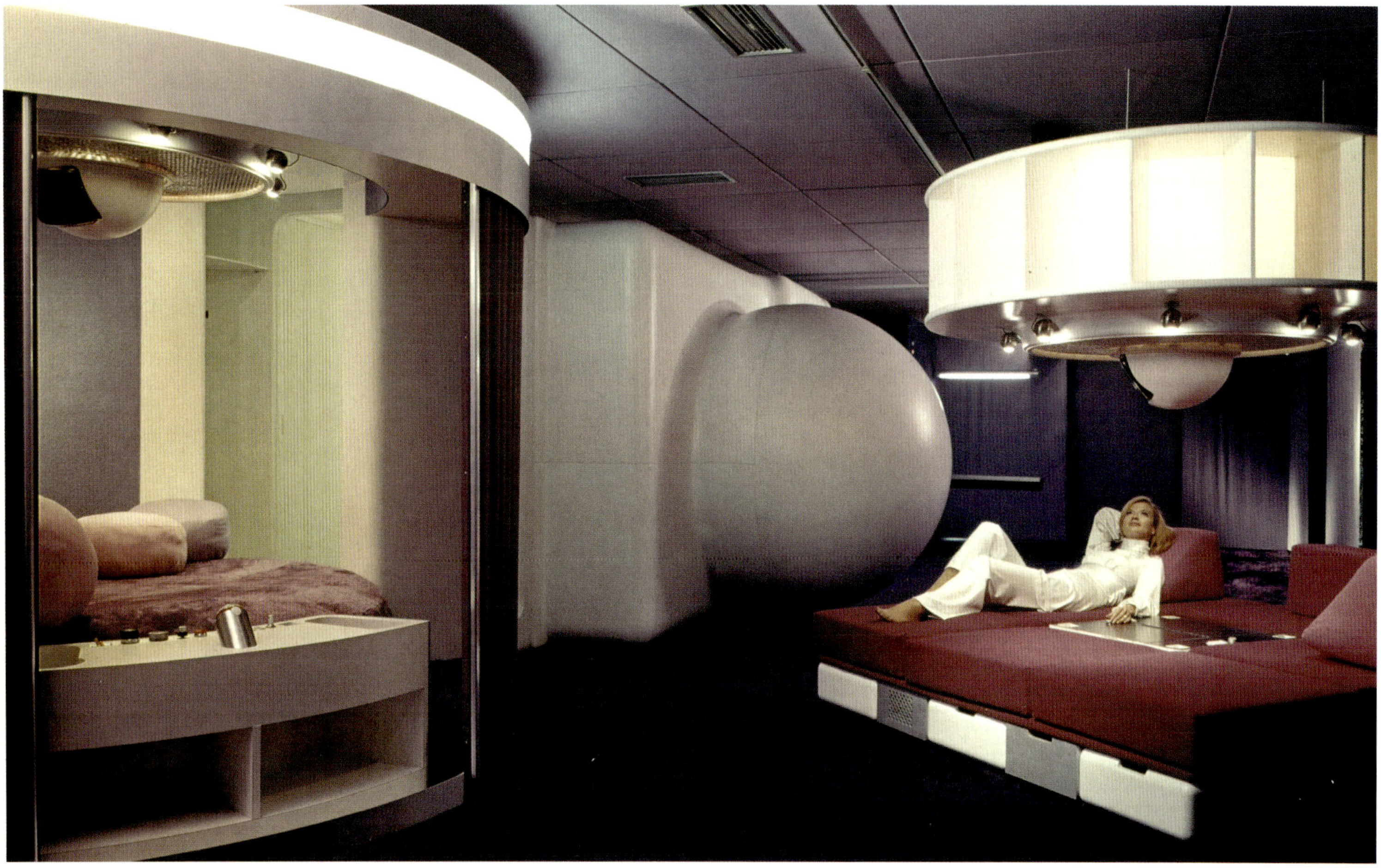

Auf der Ausstellung »Visiona« des Bayer-Werks wurde diese Idee des italienischen Architekten und Designers Joe Cesare Colombo vorgestellt: Ein ca. 100 $m^2$ großer, ganz aus Kunststoffen geschneiderter Raum, der in Wohn-, Schlaf-, Küchen- und Nasszelle unterteilt ist.

Das von Oliver Mourgue für Bayer entworfene Wohnmodell Visiona-3, mit Grün als Hauptfarbe in vielen Abstufungen, soll durch die vielfältige Variierbarkeit der von ihm verwendeten Chemiewerkstoffe in ihrer Formgebung zukunftsweisend für eine neue Wohnkultur sein ...

Kleines Foto: Sessel Polycor von Luigi Colani, 1968.

## Auf in die Zukunft

Blick in die Küche des Kunststoffhauses Venturo oder CF-45 (Casa Finlandia Serie, 45 Quadratmeter), das der finnische Designer Matti Suuronen Ende der 60er, Anfang der 70er Jahre für die Firma Polykem Ltd. entworfen hat. Suuronen wurde vor allem durch sein 1968 zunächst als Wochenendhaus konzipiertes Kunststoffhaus Futuro bekannt, das von außen wie ein Ufo mit großen Bullaugen aussieht. Es wurde bis 1972 in Serie hergestellt und ist ein herausragendes Beispiel des damaligen Space Designs.

Asko Bubble chair des finnischen Designers Eero Aarnio. Der 1968 entworfene Hängesessel besteht aus einer Halbkugel aus transparentem Acrylglas, der mit einer Kette freischwingend an der Decke befestigt wird.

# Horror vacui

Tapeten- und Textilkollektion »Maison« der Firma Rasch in verschiedenen Interieurs von 1966.

Eine vorherrschende Einrichtungsdoktrin der 60er hieß: Wenn du noch ein paar Quadratzentimeter frei hast zum Verzieren, dann verziere sie.

# POP

Die Rolling Stones: Brian Jones, Mick Jagger, Keith Richards, Bill Wyman und Charlie Watts in ihrer Gardrobe vor einem Auftritt im Circus Krone-Bau in München am 14. September 1965.

# POP

Der durchschlagende Erfolg des Pop – musikalisch wie kommerziell – in den 60er Jahren wäre ohne massenmediale Aufbereitung nicht möglich gewesen. Vor allem das Fernsehen als neues Medium, in dem sich Musik, Bild, Sprache, Bewegung und Styling zu einer neuen Qualität verbinden, trägt zur flächendenkenden Durchsetzung der Popkultur bei. Pop und Beat sind in Deutschland erst einmal Importware, auch wenn die Beatles im Hamburger »Star Club« ihre ersten Auftritte absolvierten.

Britische Bands und das Swinging London bestimmen bis in die Mitte der 60er Jahre hinein die Stilistik des deutschen Pop, der Bestandteile von Schlagermusik und Chanson in sich aufnahm. Ein Glücksfall für Deutschland war die frühe Adaption der englischen Musiksendung »ready, steady, go!« durch Radio Bremen – der BeatClub war geboren und half, Popmusik als feste Größe im deutschen Alltag zu verankern.

Vorbilder: Die Beatles bei einem ganz frühen Auftritt in der Show »Ready, steady, go!«. Die grundlegenden Elemente der TV-Inszenierung haben sich bis heute nicht geändert.

Teenager-Leben 1962: »Damit das frühe Aufstehen nicht so schwer fällt, legt Susie aus Stuttgart gleich nach dem Weckerklingeln um sieben Uhr morgens eine ihrer zahlreichen Jazz-Platten auf.«

Am 25. September 1965 ging die erste Folge des »Beat-Club« auf Sendung. Im biederen Deutschland mussten die Eltern gewarnt werden:
»Guten Tag, liebe Beat-Freunde. Nun ist es endlich soweit. In wenigen Sekunden beginnt die erste Show im Deutschen Fernsehen, die nur für Euch gemacht ist. Sie aber, meine Damen und Herren, die Sie Beat-Musik nicht mögen, bitten wir um Ihr Verständnis: Es ist eine Live-Sendung mit jungen Leuten, für junge Leute. Und nun geht's los!«

Moderiert wurde der »Beat-Club« von Uschi Nerke und Dave Lee Travis. Vorbild des Beat-Clubs war die Sendung »Ready-Steady-Go!« der englischen BBC.

## Guten Abend, hier ist Berlin, 18 Uhr 45 Minuten und 12 Sekunden ...

Die Parallelveranstaltung des ZDF hieß ab 1969 »Hitparade« und wurde von Dieter-Thomas Heck moderiert. Ebenfalls modernistisch in der Aufmachung, widmete sich die Hitparade vorzugsweise dem deutschspachigen Liedgut und richtete sich damit an eine andere Zielgruppe.

hitparade
0 47 24
1 Rot ist die Liebe Anna-Lena
2 Ich denk an Dich Roy Black
3 Wähle 3·3·3 Graham Bonney
4 Mein Herz sagt oui Jacqueline Boyer
5 Dondolo Rex Gildo
6 Weisst Du wohin Karel Gott
7 Mit verbundenen Augen Bata Jllic
8 Du musst mit den Wimpern klimpern Renate Kern
9 Der Herr Marquis Lisbeth List
10 Zigeunerhochzeit Siw Malmkvist
11 Guantanamera Manuela
12 Sie schaut mich immer wieder an Peter Orloff
13 Olala, sie hat rotes Haar Erik Silvester
14 Liebst Du mich Gerhard Wendland

Die britische Beat-Invasion machte auch vor Deutschland nicht Halt. Neben den Beatles und den Rolling Stones waren die Kinks und die Who stilbildend für die Pop- und Jugendkultur der mittleren 60er Jahre.

Rechts: Die Kinks vor einem Schallplattengeschäft auf der Düsseldorfer Königsallee (= King's Road). Im O-Ton 1965: »In den Charts an 3. Stelle nach den Rolling Stones stehen die Kinks, vier langhaarige Burschen im Alter von 18 bis 22 Jahren. Ihre Heimat – wie könnte es anders sein – ist London, Großbritannien. Die vier Beatmusiker haben sich jetzt aufgemacht, deutsche Teenager im Laufe einer vierwöchigen Deutschlandtournee mit dem Original-Kinks-Beat zum Kreischen zu bringen.« 1965.

Die Who bei einem ihrer legendären frühen Auftritte.

# Vorbilder, Einflüsse

Bevorzugtes Fortbewegungsmittel der Jugendlichen ist das Zweirad – in Italien und England sind es vor allem Motorroller, die zum Statussymbol der »Mods« werden. Mods leitet sich von »Modernists« ab und war eine Gegenposition zu den Rockern, mit denen sich die Mods erbitterte Schlachten lieferten.
Modisch bevorzugten die Mods eine Mischung aus Armee-Parkas und italienischem Chic. Aus dem Hoheitszeichen der Royal Air Force machten sie ein Pop-Icon.

Die Londoner Carnaby Street galt als Inbegriff des modischen Swingin' London. Was sich hier an Boutiquen etabliert hatte, wurde mit einigen Jahren Verspätung auch in Deutschland kopiert.

Die Lords wurden 1959 als Skiffle-Band in Berlin-Grunewald gegründet. Der Durchbruch gelang dem Quintett 1964, als sie in Hamburg den Titel »Deutsche Beatles« erhielten und einen Vertrag mit der Schallplattenfirma EMI kassierten. Ihren ersten großen Hit landeten sie ein Jahr später mit dem Titel »Shakin'all over«.

## Twist & Beat

Der amerikanische Twist-König Chubby Checker bei einem Auftritt 1964 im Hamburger »Star Club« auf der Großen Freiheit in St. Pauli.

Tanzende während der Veranstaltung »Super-Beat 65« im Jahr 1965.

Junge Menschen bei einer Tanzveranstaltung irgendwo in der Provinz, 1965.

1965 war ein gutes Jahr für den deutschen Schlager. In der Grugahalle in Essen werden mit den Löwen von Radio Luxemburg ausgezeichnet: Drafi Deutscher für »Marmor, Stein und Eisen bricht« (Bronze), Udo Jürgens für »Siebzehn Jahr, blondes Haar« (Gold) und Roy Black für »Du bist nicht allein« (Silber).

Konkurrenzprodukt zu Heintje: Hubert im Jahr 1968.

# Man spricht deutsch

Schlagersängerin Manuela bei Aufnahmen für den Film »Zwanzig Mädchen und ein Pauker«. Mit dem Song »Schuld war nur der Bossa Nova« wurde sie 1963 zum Shootingstar der deutschen Schlagerszene und machte zeitweise auch in Las Vegas Karriere.

Der niederländische Schlagersänger und Kinderstar Heintje – voller Name Hendrik Simons – im Wagen nach seiner Ankunft in Stuttgart Ende August 1969 mit einem Fan. Er rührte die Herzen seiner Zuhörer mit Titeln wie »Mama« und spielte in zahlreichen Filmen, z. B. »Heintje – einmal wird die Sonne wieder scheinen«.

»Großen Beifall fanden die Lieder des Studenten Wolf Biermann, im Hintergrund der Schriftsteller Stephan Hermlin.« So lautete der offizielle Pressetext der DDR-Nachrichtenagentur ADN. Aufgenommen am 11. Dezember 1962.

Hildegard Knef während einer Probe zum »Galaabend der Schallplatte« während der Internationalen Funkausstellung in Berlin im August 1967.

# Lyrik, Jazz und Film

Das Albert-Mangelsdorff-Quintett. Der Posaunist Mangelsdorff gilt als einer der innovativsten und bedeutendsten Vertreter seines Instrumentes im Jazz. Sein 1961 gegründetes Quintett mit Günter Kronberg (as), Heinz Sauer (ts), Günter Lenz (b) und Ralf Hübner (dr) versuchte die Emanzipation der europäischen Jazzmusik vom dominanten US-Jazz. Als Meilensteine gelten die LPs »Tension« (1963) und »Now Jazz Ramwong« (1964).

Einer der ganz Großen: Peter Thomas (links) wird für seine Filmmusik zu »Die endlose Nacht« 1963 mit dem Bundesfilmpreis ausgezeichnet (in der Mitte der Regisseur Will Tremper, rechts Hauptdarsteller Harald Leipniz). Peter Thomas schrieb die Musik für zahlreiche Edgar Wallace- und Francis Durbridge-Verfilmungen, außerdem für die Kultserie »Raumschiff Orion« und zahlreiche Jerry Cotton-Filme.

Cool Jazz hautnah: Den Abschluss der Essener Jazztage 1961 bildet ein Auftritt des blinden Saxophonisten Roland Kirk, der auf drei verschiedenen Saxophonen spielt, und seiner Band. Am Schlagzeug Kenny Clarke. Aufnahme vom 15.04.1961.

Dänemark, Südafrika, Frankreich, Österreich: Vier Schlagerlieblinge aus den 60er Jahren.

Gitte war Deutschlands Darling mit ihrem 63er Hit »Ich will 'nen Cowboy als Mann«.

Howard Carpendale versuchte, in Deutschland als englischsprachiger Soul- und Beat-Sänger zu reüssieren. Auf seinen ersten Singles finden sich auf den B-Seiten häufig deutsche Versionen internationaler Hits. Später merkte er, dass deutscher Gesang mit englischem Akzent sein Erfolgsrezept war.

France Gall eroberte mit ihrem Schulmädchen-Charme die Herzen der Fans. Die deutschen Versionen ihrer im Original französisch gesungenen Hits grenzten an puren Nonsense.

... die Gitarre und das Meer ...

Freddy, der eigentlich Franz Eugen Helmut Manfred Niedl-Petz heißt und aus Niederösterreich stammt, traf in den 60er Jahren das Kollektivempfinden vieler Deutscher. Heimweh, Fernweh, Sehnsucht, unendliches Meer waren die Themen seiner Lieder, denen er bis auf eine Ausnahme treu blieb: Das war sein 1966er Abgesang auf die Jugend, »Wir«.

Stil-Ikone und Musikerin von Rang: Françoise Hardy gehörte zu den zahlreichen französischen Chansonnièren, die man auch in Deutschland oft und gerne hörte. Seit Brigitte Bardots Hit »Harley Davidson« gehörte ein Motorrad zur Grundausstattung eines Stars – allerdings war die Honda cooler als die Harley.

Die französische Schlagersängerin France Gall hochmodisch in einem sehr deutschen Hotel-Ambiente. 1965 gewann sie mit ihrem Lied »Poupee de cire, poupee de son« (Deutsche Version: »Das war eine schöne Party«) den Grand Prix d'Eurovision für Luxemburg. Weitere Erfolgstitel in Deutschland waren »Ein bisschen Goethe« und »Er ist Wassermann und ich bin Fisch«.

# Chanson und Schlager mit Niveau

Mit slavisch angehauchten Balladen wurde Alexandra ab 1967 einem großen Publikum bekannt. Taiga, Balalaikas, Zigeunerjungen und Sehnsucht standen im Mittelpunkt des von den Produzenten konstruierten Alexandra-Images. 1969 verunglückte die Sängerin tödlich.

Die Sängerin und Schauspielerin Cornelia Froboess vertritt Deutschland auf dem Höhepunkt des Gastarbeiter-Zustroms 1962 beim Grand Prix d'Eurovision de la Chanson in Luxemburg und belegt mit ihrem Lied »Zwei kleine Italiener« Platz sechs.

Die in Deutschland erfolgreiche amerikanische Schlagersängerin Peggy March belegte mit ihrem Hit »Mit 17 hat man noch Träume« am 12. Juni 1965 auf Anhieb den ersten Platz beim Deutschen Schlagerfestival in Baden-Baden und wurde über Nacht zum Star. Schon in den USA konnte sie erste Erfolge im Showbusiness verbuchen.

## Grand Prix d'Eurovision

Udo Jürgens begleitet sich während seines Vortrags beim Grand Prix d'Eurovision de la Chanson 1966 in Luxemburg selbst am Klavier. Er gewann für Österreich mit seinem Lied »Merci Chérie«.

Schlagersängerin Margot Eskens singt für die Bundesrepublik Deutschland »Die Zeiger der Uhr« beim Grand Prix d'Eurovision de la Chanson 1966 in Luxemburg.

Tanz- und badefreudige Jugendliche tummeln sich 1968 ausgelassen auf der zusätzlich geschaffenen Tanzfläche, einem Planschbecken im Münchner Beatlokal »Blow up«. Zu heißen Rhythmen konnte in Badebekleidung getanzt werden, die die Direktion für Besucher bereithielt.

## splish, splash

# Pop als Geschäft

Blick in einen großen Schallplattenladen im Citta 2000 in München. Im Vordergrund hören sich Kunden über Kopfhörer Schallplatten an. Nach den Ideen zweier Münchner Gastronomen entstand an der Leopoldstraße in Schwabing die Citta 2000 als neuartiger Bereich für den Einkauf und das Vergnügen. Ein Kino, ein Restaurant und eine Reihe von Geschäften sind auf originelle Weise kombiniert, jedoch gestattet das deutsche Ladengesetz das Öffnen der Geschäfte in den Abendstunden nicht. Aufnahme vom Juli 1969.

Gammler sitzen auf dem Bürgersteig vor dem »Picnic«, einem beliebten Treffpunkt der Szene in der Leopoldstraße in München. »Gammler« war die abfällige Bezeichnung für junge Leute, die sich dem Leistungsdruck des bürgerlichen Lebens entzogen. Andernorts Hippies genannt, waren die Gammler mit dem deutschen Ordnungs,- Reinlichkeits- und Arbeitsethos inkompatibel.

1966 steuerte Freddy Quinn seine Sicht der Dinge in puncto Jugend bei, den Song »Wir«. Der Text gibt Aufschluss über das Denken der so genannten schweigenden Mehrheit.

Freddy Quinn: Wir (1966)

Wer will nicht mit Gammlern verwechselt werden? WIR!
Wer sorgt sich um den Frieden auf Erden? WIR!
Ihr lungert herum in Parks und in Gassen,
wer kann eure sinnlose Faulheit nicht fassen? WIR! WIR! WIR!

Wer hat den Mut, für euch sich zu schämen? WIR!
Wer lässt sich unsere Zukunft nicht nehmen? WIR!
Wer sieht euch alte Kirchen beschmieren,
und muss vor euch jede Achtung verlieren? WIR! WIR! WIR!

Denn jemand muss da sein, der nicht nur vernichtet,
der uns unseren Glauben erhält,
der lernt, der sich bildet, sein Pensum verrichtet,
zum Aufbau der morgigen Welt.

Die Welt von Morgen sind bereits heute WIR!
Wer bleibt nicht ewig die lautstarke Meute? WIR!
Wer sagt sogar, dass Arbeit nur schändet,
so gelangweilt, so maßlos verblendet? IHR! IHR! IHR!

Wer will nochmal mit euch offen sprechen? WIR!
Wer hat natürlich auch seine Schwächen? WIR!
Wer hat sogar so ähnliche Maschen,
auch lange Haare, nur sind sie gewaschen? WIR! WIR! WIR!

Auch wir sind für Härte,
auch wir tragen Bärte,
auch wir geh'n oft viel zu weit.
Doch manchmal im Guten,
in stillen Minuten,
da tut uns verschiedenes leid.

Wer hat noch nicht die Hoffnung verloren? WIR!
Und dankt noch denen, die uns geboren? WIR!
Doch wer will weiter nur protestieren,
bis nichts mehr da ist zum protestieren? IHR! IHR! IHR!

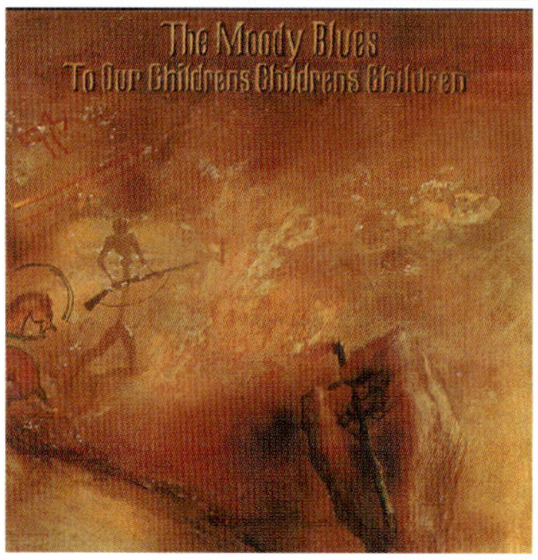

Make love not war: Am Rande des Popfestivals auf der Isle of Wight liegen vier jungen Leute  in einem Ein-Mann-Zelt. Aufnahme von 1967.

Ländliche Idylle beim Woodstock-Festival 1969.

Ab 1965 eroberte der weiche, psychedelich beeinflusste Zeichen- und Grafikstil die Medien. Oben ein Bild aus dem Film »Yellow Submarine«, für den der deutsche Grafiker Heinz Edelmann verantwortlich zeichnete.

Eine junge Frau vor einem Zeitungs- und Bücherstand im Citta 2000 in München, 1969. Psychedelischer Grafik-Look und englisches Flair aus der Carnaby-Street nach Deutschland importiert.

Anzeige im »Outline-Stil«.

Für denjenigen, der nicht mehr Teenager war und Bravo las, hieß das Zentralorgan des modernen Lebens TWEN.1959 gegründet, machte vor allem der Art Director Willy Fleckhaus aus TWEN einen Hingucker. Fleckhaus gehört zu den einflussreichsten Grafikdesignern des Jahrzehnts. Er entwickelte einen in Deutschland bis dahin nicht gekannten Layout-Stil mit großen Weißflächen und vielen Typo-Experimenten. Er entwarf u. a. auch die Taschenbuchreihe der Edition Suhrkamp.

Herzliche Glückwünsche
von Ann Thönnissen

Nehmen Sie
den Apfel von der linken Hand in den Mund, dann haben Sie beide Hände frei, um die Bluse zuzuknöpfen. Sie ist aus Dralon-Voile. Wenn Sie das getan haben, stecken Sie die Bluse in den Rock und ziehen einen Gürtel (Stegmann, Hamburg) durch die Schlaufen. Jetzt brauchen Sie noch
gelbe Strümpfe
Die sind von Arwa. Und passende Schuhe (von Thomas, München). Machen Sie eine Pause und essen Sie den Apfel zu Ende. Dabei können Sie überlegen, ob Sie noch die Jacke drüberziehen.
13
puzzleteilemacheneinensommer
oder: wie man sich mit einem Apfel und allerlei Sachen 3 Monate vergnügen kann. Erfinder der Tauschausrüstung: Parikèn, Paris. Bezugsquellen nennt Ihnen twen.
Rock und Jacke
ergeben zusammen ein komplettes Kostüm. Das Material ist dicker Baumwoll-Satin. Alle Nähte sind doppelt abgesteppt. Hinten hat die Jacke eine Passe und an den Seiten zwei eingelegte Falten. Preis für das dreiteilige Kostüm (also mit Bluse) zwischen 190 und 210 Mark.
weisse Hosen
und ein weißer Pullover lassen die Jacke völlig anders aussehen. Die Hose ist aus dem gleichen Stoff, und es gibt sie auch in Grün. Statt des Pullovers können Sie auch die gestreifte Bluse wieder anziehen. Sie brauchen noch andere Schuhe: grün-weiße Golfschuhe (Thomas, München). Preis für Anzug mit Bluse 200 bis 230 Mark.
Bermudas
sind nicht nur Inseln im Atlantik, sondern auch die längsten Shorts die es gibt. Weil sie nämlich bis zum Knie reichen. Sie sind fünftes Teil der Tauschausrüstung.
die Hemdbluse
und die Bermudas können Sie natürlich auch ohne Jacke tragen. Zum Beispiel auf den Bermudas (nämlich jenen bereits erwähnten Inseln – es sind übrigens rund 350 Inselchen und fast ausschließlich aus Korallenkalk gemacht). Da können Sie wegen der großen Hitze die Bluse auch noch ausziehen. Doch darauf kommen wir später. Preis für Minianzug und Bluse 145 bis 160 Mark.
einen BH
in apfelgrün müssen Sie unbedingt noch haben. Der kostet zirka 38 bis 43 Mark. Und wenn Ihnen nun schon ganz grün vor Augen ist, dann blättern Sie schnell um.

Das neue Bac desodoriert noch besser
Bac SPRAY
Bac STIFT
Jedes dieser Bac-Präparate schenkt Ihnen die befreiende Bac-Frische.
Genießen Sie es, mit Bac wirklich frisch zu sein – den ganzen Tag über so frisch wie morgens nach dem Waschen.
Bac schenkt Ihnen die befreiende Frische, den unsichtbaren Schutz unter den Armen, der alles Unfrische von Ihnen fern hält. Und wenn Sie diese Frische für den ganzen Körper wünschen, Bac Spray macht es möglich.
Bac
nur ein Strich – körperfrisch.
Bac ist die meistgekaufte Deodorant-Serie in Europa. Sie enthält Sprays und Stifte in den 3 modernen Duftnoten mild, frisch, herb. Jedes Bac-Präparat ist in verschiedenen Größen erhältlich. Die Bac-Spray-Taschenpackung können Sie aus der größeren Bac-Spray-Packungen bequem selber nachfüllen.
Bac-Spray ab DM 2,85
Bac-Stift ab DM 2,40

Das wildeste Deo-Spray stellt sich vor.
NEU
Fa Deo-Spray hat die wilde Frische von Limonen – den erfrischendsten Früchten der Welt. Und weil es voll von dieser wilden Frische ist, hält es auch länger frisch. Nehmen Sie Fa Deo-Spray am Morgen. Noch abends haben Sie das Gefühl, gerade aus der Brandung zu steigen. Fa Deo-Spray – die Dauerfrische.
Fa Deo-Spray
Hält frisch mit der wilden Frische von Limonen
Fa Deo-Spray-
mit der wilden Frische
von Limonen.

PANTEEN Vitamin-Haarwasser
PANTEEN in Honolulu
PANTEEN in 116 Ländern der Erde. Überall dort, wo man sein Haar pflegt, pflegt man es mit Panteen:
Panteen versorgt Ihr Haar bei täglicher Anwendung fortwährend mit dem Vitamin-Wirkstoff „Pantyl"®. Panteen bekämpft die Schuppenbildung. Panteen belebt und erfrischt die Kopfhaut, verleiht Ihrem Haar Geschmeidigkeit und natürlichen Glanz.
PANTEEN
PANTEEN Vitamin Haarwasser Ohne Fett
Panteen ohne Fett, mit Fett, oder Panteen blau für graues Haar DM 3,45 DM 5,85 oder in der Großpackung DM 8,85
PANTEEN ist das meistgekaufte Haarwasser der Welt

HAAR TABAC dry
HAAR TABAC das individuelle Haarwasser auf wissenschaftlicher Basis
HAARTABAC ist bestimmt für die persönliche Pflege des Haares.
HAARTABAC wird hergestellt aus reinem Alkohol mit Komponenten des Vitamin-B-Komplexes und anderen haaraufbauenden Wirkstoffen.
HAARTABAC fördert die natürliche Durchblutung der Kopfhaut und hemmt Haarausfall, Schuppenbildung, Kopfjucken.
Regelmäßige Massage mit HAARTABAC gibt Ihnen das gewünschte Resultat: gesundes, lebendiges und glänzendes Haar.
HAARTABAC wirkt erfrischend und anregend
Die individuelle Duftnote akzentuiert das Gefühl, vollendet gepflegt zu sein.
HAARTABAC in der dosierenden Flasche DM 4.20 DM 6.90
MÄURER + WIRTZ

Auch Ihnen gibt Bac täglich die befreiende Frische
Bac
Machen Sie Bac zum guten Anfang eines frischen Tages. Dann bleiben Sie frisch. Bac ist ein Voll-Deodorant. Es gibt Ihnen die volle desodorierende Wirksamkeit, einen spürbaren Frische-Effekt und einen Duft, der immer unaufdringlich bleibt.
...immer körperfrisch
Bac herb/dry – hier als Spray gezeigt – wird von Herren bevorzugt, weil seine herbbetonte Frische als sympathische Sauberkeit empfunden wird. Außerdem gibt es Bac mild/soft (von jungen Menschen sehr geschätzt) und Bac frisch/clear (für den mehr sportlichen Typ). Alle Bac-Duftnoten sind als Spray und Stift in allen für Sie zweckmäßigen Größen erhältlich.
gibt es auch als Duftnote mild/soft
gibt es auch als Duftnote frisch/clear
Bac SPRAY Deodorant HERB DRY
OLIVIN
Bac Voll-Deodorant als Spray und Stift ab DM 2,85
B 66 – SM

Wieder ein Erfolg der Schwarzkopf-Forschung:
Taft sprüht zum Halt
jetzt auch die Pflege!
SCHWARZKOPF · HAARPFLEGE ·
Sanft, unsichtbar, kaum spürbar erhält taft-neu Ihrer Frisur die schöne Form. Gleichzeitig kräftigt und belebt taft-neu mit Seclair* das Haar und schützt es vor schädigenden Einflüssen. Das neue haarpflegende taft ist ein echtes Kosmetikum. Sie sehen es am schönen Glanz Ihres Haares. Sie spüren es am natürlich-geschmeidigen Griff.
Und wenn Sie den Spray ausbürsten wollen – bei taft-neu ist es mit wenigen Strichen getan. Jetzt bleiben Sie viel länger frisch frisiert, und Ihr Haar wird dazu noch gepflegt. taft-neu können Sie beliebig oft anwenden.
Wichtig: taft-neu ist besonders ergiebig. Geringe Sprühmengen bieten schon die volle Wirkung. Auch taft-neu gibt es in drei Sorten: taft grün für normales, leicht fettendes Haar; taft rosé für feines, empfindliches Haar; taft lila für trockenes, sprödes Haar. Ihr Fachhändler berät Sie gern. – taft ist ein für Schwarzkopf geschützter Markenname.
* Zum Patent angemeldet
taft NEU mit Seclair
Sprühdosen zu DM 2.95, 4.80, 6.50 und 7.80
taft gibt es nur von Schwarzkopf

Vionell
die spezielle Intim-Pflege der modernen Frau.
Sie brauchen Vionell. Denn intime Bereiche brauchen besondere Pflege. Vionell erfüllt den hygienischen, ästhetischen und geruchbindenden Zweck auf modernste Weise.
Sie als moderne Frau brauchen das Gefühl der Sicherheit und des Selbstvertrauens.
Vionell gibt es Ihnen täglich und an den kritischen Tagen ganz besonders.
Vionell als Trockenspray ab DM 2,85
als Tüchlein ab DM 2,40
Wiesbaden

Rover ist bekannt dafür, daß seine Wagen vom Motor über die Karosserie bis zur letzten Schraube als einheitliches Ganzes durchdacht und durchkonstruiert sind. So enstand der robuste Land-Rover, eines der vielseitigsten Fahrzeuge. So entstand der erste Gasturbinenwagen der Welt. Und so entstanden schließlich in jüngster Zeit das neue Rover 3-Liter „Coupé" und der 3-Liter „Saloon" (Mark II), gebaut für zügiges, ruhiges Fahren auf allen Straßen der Welt.
Rover 3-Liter Saloon (Mark II) – schnell, laufruhig, komfortabel.
Einer der bestkonstruierten Wagen der Welt.
ROVER
Ein Wagen, den nicht jeder fährt

S-VC 801
Automatik, ja oder nein?
Diese Frage ist heute keine Frage mehr.
Der Verkehr von heute hat sie für immer beantwortet. Und das Daimler-Benz Automatische Getriebe auch. Es ist perfekt. Es ist mechanisch sicher, und es macht Sie sicherer. Auf jeden Fall. Der heutige Verkehr zwingt Sie zu immer häufigerem Kuppeln und Schalten. Das ist vorbei. Kein Kuppeln, kein Schalten mehr.
Es ist der besondere Vorzug der maßgeschneiderten Daimler-Benz Automatik, daß ihre Vorzüge beweisbar sind. Perfekt abgestuftes, automatisches Vierganggetriebe. Volle Ausnutzung der Motorkraft. Der Fahrer kann jederzeit in den Schaltablauf eingreifen. Die Daimler-Benz Automatik aber „schaltet" schneller, präziser, schonender. Sie können mit dieser Automatik genauso individuell und sportlich fahren wie bisher.
Die Daimler-Benz Automatik gibt Ihnen eine neue Freiheit am Steuer. Sie haben beide Hände immer am Lenkrad. Ihr linker Fuß hat Ruhe und Ihr Kopf auch. Sie bleiben länger frisch.
Dazu verhilft Ihnen auch die Daimler-Benz Servolenkung. Sie nimmt Ihnen ein gutes Stück Arbeit, besonders beim Einparken und Wenden ab.
Daimler-Benz Automatik und Servolenkung wurden in Ihrer Hand zu handfestem Fortschritt und höherer Sicherheit. Das dürfen Sie heute erwarten.
Und das sollten Sie heute auch verlangen.
MERCEDES-BENZ
Ihr guter Stern auf allen Straßen
6142 Alm

„Liebesgrüsse aus Paris"
Ein kantiges Profil. Außen hart und klar – innen weich und komfortabel.
Simca 1000 ist eine geballte Ladung Auto, die gebaut wurde, damit Leute, die Spaß am Autofahren haben, keinen Großen kaufen müssen.
Schon für DM 4.800,– ... natürlich mit 4 Türen.
SIMCA 1000 – die männliche Linie
DEUTSCHE SIMCA
Gutschein

# Wie ist das mit dem großen Fahren?

Rechnen muß man können:
6 Zylinder.
Plus 2.5 Liter-S.
Plus 120 PS.
Plus Komfort.
Plus Fahrspaß.
Plus Sicherheit.
Macht:
Commodore.

Noch eine kleine Rechnung:
6 Zylinder.
Plus 2.5 Liter-H.
Plus 130 PS.
Plus Komfort.
Plus Sicherheit.
Plus Sportfelgen, Drehzahlmesser . . .
Macht:
Commodore GS.

Wie ist das mit dem großen Fahren?
Sie können doch rechnen
und wissen, was jetzt zu fahren ist.

# FERNS

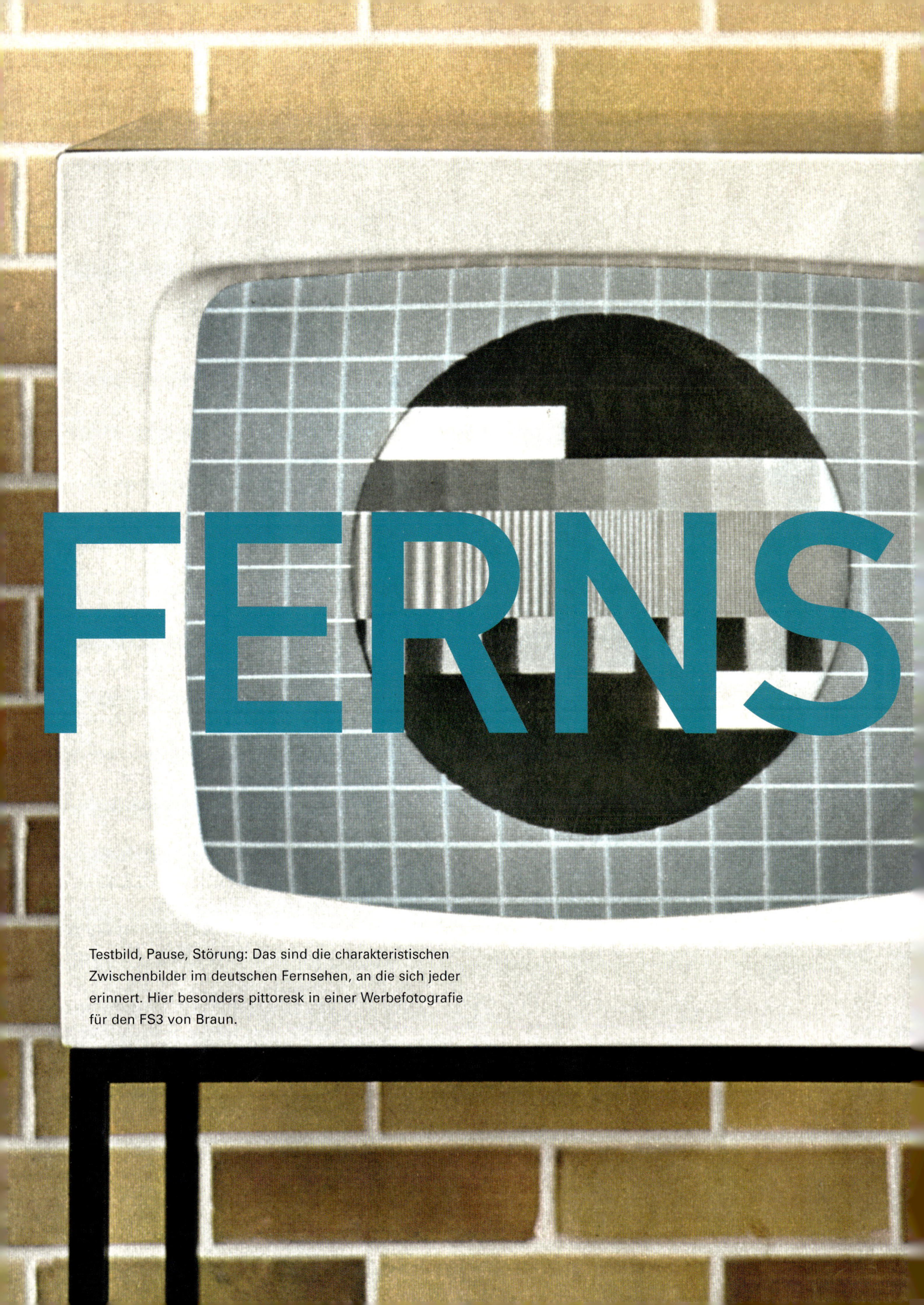

Testbild, Pause, Störung: Das sind die charakteristischen Zwischenbilder im deutschen Fernsehen, an die sich jeder erinnert. Hier besonders pittoresk in einer Werbefotografie für den FS3 von Braun.

EHEN

# FERNSEHEN

**Fernsehen wurde in den 60er Jahren erst schön. Ab 1961 gab es nämlich ein Zweites Programm und ab 1967 sogar in Farbe. Es gab nachmittags Kinderprogramm und abends viele, viele Serien, es gab Experimente und Straßenfeger. Die Familie saß noch gemeinsam vor der Flimmerkiste, weil in den meisten Wohnungen nur ein einziges TV-Gerät stand. Quiz- und Showmaster machten sich unsterblich, Fernsehansagerinnen wurden Stars, Assistentinnen waren unentbehrlich und Pausenbilder gehörten zum Alltag. Man entdeckte die Werbung als eigenes Medium mit eigener Ästhetik. Und sogar die Jugend bekam ihre eigenen Sendungen – spät, aber immerhin. In der Erinnerung jedenfalls war es eine tolle Zeit ...**

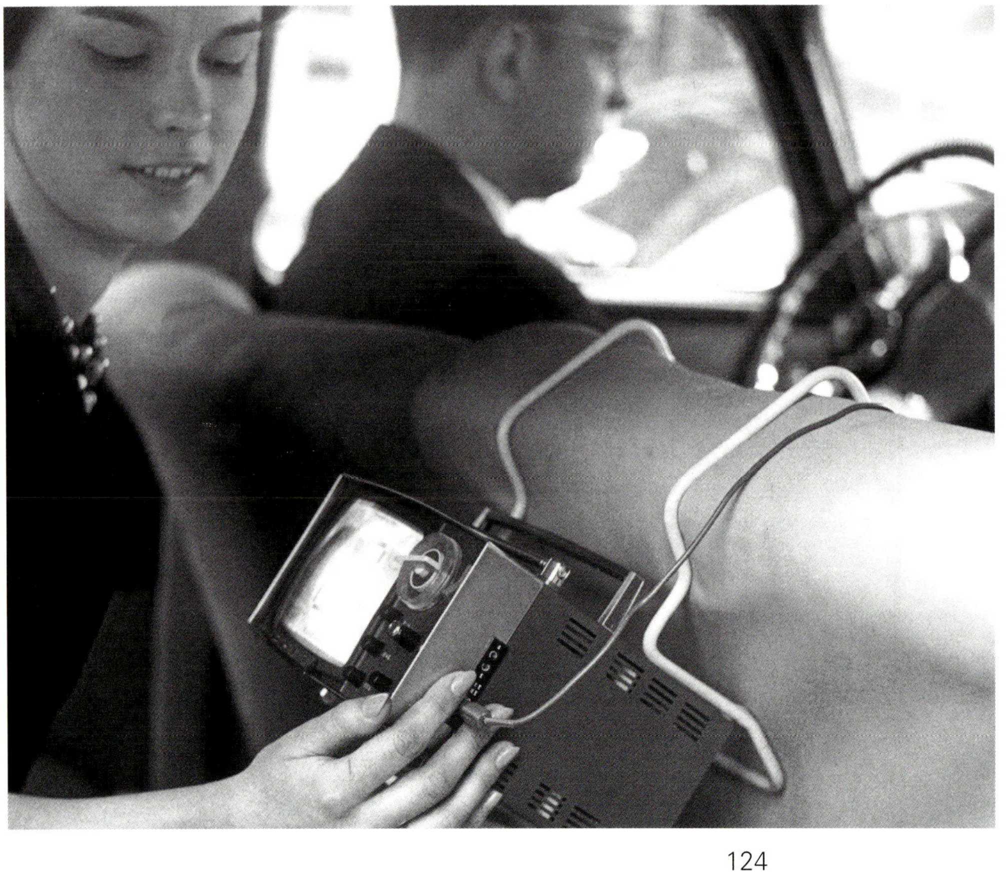

Der nach Herstellerangaben kleinste Fernseher der Welt wurde am 29. März 1963 in Frankfurt am Main vorgestellt. Mit einer Bildschirmgröße von nur 12,5 cm ist das Transistorgerät nicht größer als ein handelsüblicher Telefonapparat und kann auch im Auto betrieben werden. Mit Zubehör kostet der Sony rund 1.500 D-Mark.

# Staunen und Lernen

Fernsehen der Zukunft, inszeniert für die Möbelmesse 1968 unter dem Namen Visiona.

Fernsehen der Vergangenheit: Eine Hamburger Madchenklasse sitzt während des Unterrichts am 23. Oktober 1961 vor einem Fernsehgerät und schaut einen Beitrag. Zum ersten Mal saßen an diesem Tag Schulkinder in Deutschland während des Unterrichts vor dem Bildschirm. Rund 100.000 Schüler und Schülerinnen in Nord- und Westdeutschland sahen insgesamt die sechs Filme eines Versuchsprogramms, das vom NDR in Hamburg produziert wurde. An dem Experiment beteiligten sich der WDR, der SFB und Radio Bremen. Nach der Auswertung des Versuchs durch die Pädagogische Hochschule in Alfeld/Leine soll darüber entschieden werden, ob es ein deutsches Schulfernsehen geben wird und wie es am wirkungsvollsten in den Unterricht einbezogen werden könnte.

2

# Es wird bunt

Übertragung der ersten Testsendung in Farbe in einem Frankfurter Kaufhaus 1967.

Mit einem Knopfdruck startet der damalige deutsche Vizekanzler Willy Brandt am 25.8.1967 auf der 25. Deutschen Funkausstellung das Farbfernsehen. Ende 1967 standen rund 80.000 Farbfernseher in den Wohnstuben der 14 Millionen Fernsehteilnehmer in Deutschland. Fünf Jahre später holte sich bereits jeder zehnte Haushalt bunte Bilder auf die Mattscheibe.

Bundeswirtschaftsminister Ludwig Erhard und der regierende Berliner Bürgermeister Willy Brandt während der Eröffnungsfeier der Deutschen Rundfunk-, Fernseh- und Phono-Ausstellung Berlin 1961 in der Deutschlandhalle.

# FERNSEHEN

Die drei Fernsehansagerinnen Ursula von Manescul, Irene Koss und Dagmar Bergmeister im Hamburger Real-Film-Studio. Dort fiel die erste Klappe für 30 Kurzfilme, mit denen im Deutschen Fernsehen auf die Fernsehlotterie zugunsten erholungsbedürftiger Berliner Kinder aufmerksam gemacht werden sollte. In dem ersten dieser Film-Spots warben die drei Fernsehansagerinnen singend für einen Platz an der Sonne. Aufgenommen am 24. April 1961.

Fernsehansagerinnen aus der ersten Stunde des ZDF, Januar 1963: Die damals 20-jährige Edelgard Stössel und die 21-jährige Victoria Voncampe

# Ansage und Moderation

Der Medienjournalist Eduard Zimmermann steht während der von ihm erfundenen TV-Fahndungssendung »Aktenzeichen XY ... ungelöst« im ZDF-Studio 1a in Wiesbaden. 1959 wurde Zimmermann NDR-Redakteur und wechselte 1962 zum ZDF. Neben der TV-Serie »Vorsicht Falle« wurde er besonders durch »Aktenzeichen XY« bekannt. Zimmermann moderierte die Show seit der ersten Ausstrahlung am 20. Oktober 1967 bis zur 300. Folge im Oktober 1997.

Sechs Journalisten aus fünf Ländern diskutieren in der ARD-Fernsehsendung »Internationaler Frühschoppen«. Gastgeber Werner Höfer lädt seit 1959 sonntäglich Journalisten ins Studio zum WDR nach Köln ein, um miteinander zu diskutieren, zu rauchen und Riesling aus Treveris-Gläsern zu trinken.

Einer wird gewinnen: »EWG« Quizmaster Hans Joachim Kulenkampff mit seinen neuen Assistentinnen Doris Steinmüller (links) und Elke Müller an der damals (1967) einzigen Farbfernsehkamera im Studio des Hessischen Rundfunks.

Rudi Carrell mit seinem Vater Andre im Jahr 1960.

**... einen wunder-schönen guten Abend allerseits!**

# Quiz und Unterhaltung

Das Posieren vor einer großen Studio-Farbfernsehkamera ist 1966 das Größte: Auch Victoria Voncampe und Peter Frankenfeld, einer der ganz großen deutschen Showmaster, können sich diesem Accessoire nicht entziehen.

Als Wirt und Kellner im »Blauen Bock« machte Heinz Schenk den hessischen Dialekt bundesweit hoffähig. Sein Witz und sein Talent, blitzschnell zu reimen, waren dafür verantwortlich, dass der einstige Musikstudent und Conferencier bereits 1951 vor einem Mikrofon des Hessischen Rundfunks stand. Bundesweit bekannt wurde Schenk aber erst 1966, als er als babbelnder Oberkellner und Gastgeber das TV-Apfelwein-lokal »Zum Blauen Bock« übernahm.

# FERNSEHEN

Zwei, die sich nicht leiden konnten und einander brauchten: Gerhard Löwenthal, Journalist und Moderator des »ZDF-Magazins« und Karl-Eduard von Schnitzler, Moderator des »Schwarzen Kanal«. Der stramme Antikommunist Löwental, der sich selbst als »radikalen Konservativen« charakterisierte, nahm 1987 Abschied vom Bildschirm. Der stramme Antikapitalist Karl-Eduard von Schnitzler bei seinem letzten Auftritt an dieser Stelle im DDR-Fernsehen am 31.10.1989.

Zwei Dinge, die es so nicht mehr gibt: Die Pausenillustration (auch als Entschuldigung für eine Störung oder für Schwierigkeiten beim Umschalten) und Werbung für Zigaretten im Fernsehen.

# Märchenonkel und Witzbolde

Der Schauspieler, Komiker und Schriftsteller Heinz Erhardt legt in seinem Haus in Hamburg eine Schallplatte auf. Erhardt bestach seine riesige Fangemeinde mit seiner unverwechselbaren hintersinnigen Komik, seinen humorigen Wortspielen und Wortverdrehungen in Filmen wie »Immer die Radfahrer«, »Drillinge an Bord«, aber auch in verschiedenen Gedichtbänden.

Legendär: Freddie Frinton in »Dinner for One/Der 90. Geburtstag«, einer Fernsehproduktion aus dem Jahre 1963.

Larry Hagman als Astronaut Anthony Nelson trägt den Flaschengeist Jeannie, gespielt von Barbara Eden, auf Händen. Die 139 Folgen der amerikanischen Serie »I Dream of Jeannie« wurden von 1965-1970 gedreht und liefen in Deutschland unter dem Titel »Bezaubernde Jeannie«. Hauptdarsteller Larry Hagman machte in den 80er Jahren in einer weiteren Serienrolle von sich reden: Als Ölbaron und Ober-Fiesling J.R. Ewing in der Erfolgsserie »Dallas«.

Cheryl Miller als Paula Tracy, die Tochter von Tierarzt Dr. Marsh Tracy (Marshall Thompson ) in Daktari. Die eigentlichen Hauptdarsteller waren jedoch der schielende Löwen Clarence und – hier nicht im Bild – Cheetah. Die amerikanischen TV-Serie Daktari entstand zwischen 1966 und 1969.

Erik Ode als »Der Kommissar« in einer Szene der gleichnamigen TV-Krimi-Serie, die den Grundstein für den Freitagabend-Krimi im ZDF legte. Aufgenommen am 9. Juni 1969.

Beppo Brem als Inspektor Wanninger schenkt einer Politesse einen großen Radiergummi zum Ausradieren des Falschparkens. Dem Fernsehpublikum gefiel der bayerische Charakterdarsteller als TV-Inspektor in der Krimi-Serie »Die seltsamen Methoden des Franz Josef Wanninger«, später »Die unsterblichen Methoden des Franz Josef Wanninger«, die von 1964 bis 1981 liefen.

Claus Wilcke als Percy Stuart, der beliebte Vorabendagent aus der gleichnamigen Serie, der unbedingt in den erlauchten »Kreis der 13« aufgenommen werden wollte.

Kaum zu glauben, aber als Bonanza 1962 zum ersten Mal im deutschen Fernsehen lief (damals noch in der ARD), gab es Proteste, die Serie zeige zu viel Gewalt. Im Nachhinein kommt uns Bonanza doch eher als gutmütige Familienunterhaltung vor. Das Leben des Farmers Ben Cartwright und seiner drei ungleichen Söhne Little Joe, Hoss und Adam wurde eine der erfolgreichsten Serien der TV-Geschichte. Sie lief erst 1973 nach 430 Folgen aus, nachdem »Hoss« Dan Blocker verstorben war. Auf dem Bild: Jamie (Mitch Vogel), Hoss (Dan Blocker), Ben Cartwright (Lorne Greene) und Little Joe (Michael Landon). Nicht im Bild: Adam (Pernell Roberts war 1965 ausgestiegen) und Hop Sing (Victor Sen Yung), der chinesische Koch und Hausfrauenersatzmann.

»Nach Ihnen, meine Damen ...«
Dreharbeiten zu Bonanza mit Dan Blocker als Hoss Cartwright, 1963.

Michael Landon gelang der Durchbruch als Sonnyboy Little Joe. Später war Landon u.a. in den von ihm auch produzierten TV-Serien »Unsere kleine Farm« (als Charles Ingalls) und »Engel auf Erden« (als Jonathan) zu sehen.

# FERNSEHEN

John Steed und Emma Peel waren das eigenwilligste Agentenpaar der 60er: Steed, der Gentleman vom Scheitel bis zur maßgefertigten Sohle, intelligent und mit britischem Humor gesegnet. Emma Peel (die Frau mit dem »m-appeal«) war im wahrsten Sinn schlagfertig, sexy und verkörperte den Chic des Swingin' London. Die Serie hatte alles, was Kult ausmacht: die richtige Optik, den markanten Soundtrack, absurde Stories, Settings und Ausstattungsdetails. Patrick Macnee und Diana Rigg stellten sich als Traumbesetzung für die Serie heraus.

Dramatische Szene: Geheimagent John Steed rettet in letzter Sekunde seine an Gleise gefesselte Partnerin Emma Peel vor einem herannahenden Zug. Die Szene mit der Miniatur-Eisenbahn wurde 1965 im Lord Gretton's Stapleford Park nahe Melton Mowbray in Leicestershire gedreht.

## Sexy, stylish, surreal

Die britische Schauspielerin Diana Rigg als Geheimagentin »Emma Peel« mit ihrem Partner John Steed, gespielt von Patrick Macnee, in der britischen Erfolgsserie »Mit Schirm, Charme und Melone«, Aufnahme von 1965.

# MODE

JAT

Verrenkte Körperhaltung und merkwürdige Beinstellungen sind charakteristisch für die neuen Posen in der Modefotografie. Der deutsche Fotograf F.C. Gundlach, der seit den 60er Jahren für die »Brigitte« fotografierte, gehörte zu den avanciertesten Vertretern der europäischen Modefotografie.

Twiggy, das erste Supermodel, verkörperte in den 60ern einen neuen Stil: Weg vom eleganten, statischen Look der 50er, hin zur burschikosen, schlaksigen Erscheinung einer Kind-Frau.

In der DDR versuchte man, auch modisch mit dem Westen Schritt zu halten. Von Details abgesehen, gelingt das auch in dieser Aufnahme. Ein- und zweiteiliges Sommerkleid, DDR 1965.

Blazer mit knielangem Faltenrock und Schirmmütze, flott fotografiert für »Interschau in der Stadt«, 1965.

Flughäfen, Rollfelder und Düsenclipper waren ein beliebtes Sujet für Werbe- und Modefotografie. In dieser Aufnahme von F.C. Gundlach von 1966, aufgenommen in Beirut, posiert das Model auf der Tragfläche eines Jets.

Ein Ausschnitt aus der Herbst/Winter-Kollektion 1969/70: »Vollsynthetische, hochelastische Après-Ski-Kleidung in modischer Ton-in-Ton Colorierung und harmonischer Kontrastgestaltung.« Hergestellt von der Synthetex KG Lichtentanne.

Extravagantes Strumpfhosenensemble der Firma Falke, 1966 von F. C. Gundlach in Szene gesetzt.

# Pop und Op

Die Pop Art beeinflusst die Modefotografie: Spiel mit Malerei und Fotografie, Hintergrund und Vordergrund.

André Courrèges war Mitte der 60er Jahre mit Kleidung im Weltraum-Look und Kleidung aus Metall berühmt geworden. Hier posiert er mit einem seiner Models, das ein von ihm kreiertes neues Outfit trägt. Das Mini-Kleid ist aus Jersey mit großen Flicken aus Plastik, die mit Knöpfen am Kleid befestigt werden. Die Kniestrümpfe mit dem Plastikbund sollen die jugendliche Linie betonen.

Françoise Hardy mit einem geradezu utopischen Kleid bei den Berliner Filmfestspielen 1969.

Flower Power. Die Hippies kommen.
San Francisco ist überall.

Warum der arme Rauhaardackel unter der Plexiglaskuppel warten muss, während sein Frauchen merkwürdige Verrenkungen macht, werden wir nie ergründen. Aufnahme für Unterwäsche.

Ein Herrenanzug, bestehend aus einem Sportsakko mit Gürtel, breit gestreiftem Hemd und etwas deplaziert wirkendem Binder vor verschiedenen Sommerkleidern, 1969 für die VVB-Konfektion der DDR fotografiert.

Seltsames

Mode, die man nicht tragen will: Lächelnd posieren 1969 zwei Models in einem sehr freizügigen Outfit aus durchsichtiger Plastikfolie mit silberfarbenen Trägern und stilisierten Blättern. Der so genannte »Adam und Eva-Look« wurde von dem Münchner Modeschöpfer Arno Eichhammer kreiert und gehört zu den exotischen Auswüchsen der 60er.

Kaisers neue Kleider

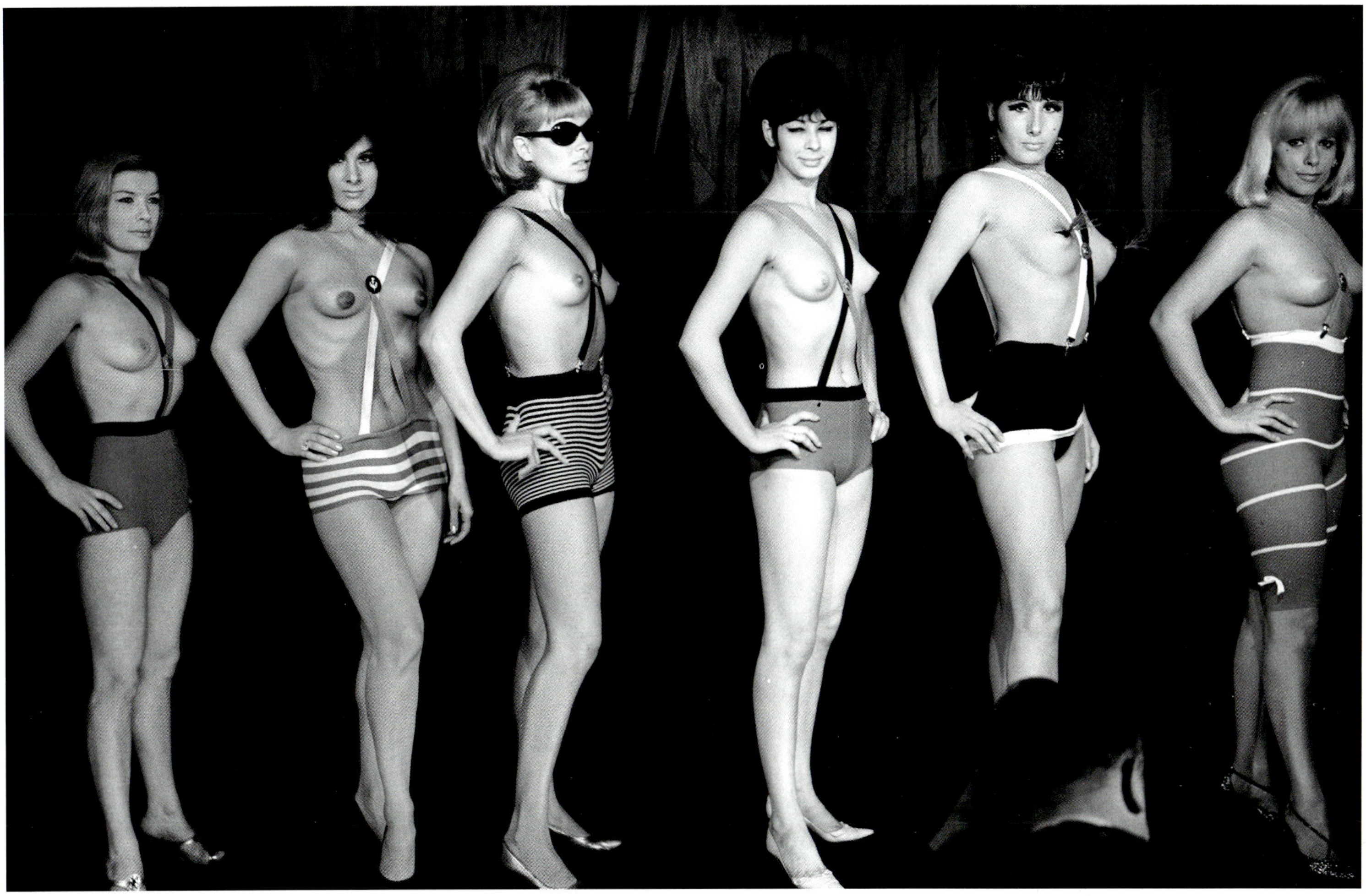

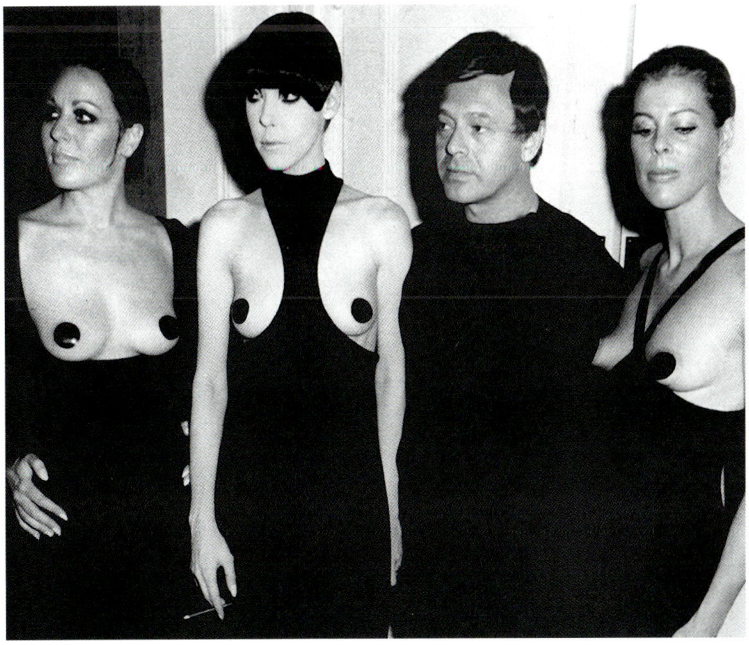

Mannequins im Monokini, 1968.

Der Modeschöpfer Rudi (Rudolf) Gernreich während der Präsentation seiner eigenwilligen und busenbetonenden Abendmodelle. Berühmt und umstritten machte ihn 1964 sein Bademoden-Modell »Topless«, ein Oben-ohne-Badeanzug. Kundinnen in Kalifornien und St. Tropez trugen sein Modell auch an öffentlichen Stränden und sorgten damit für einen Medienwirbel, dem Kritik von Frauenorganisationen und dem Vatikan folgten. Gernreich machte zudem den Super-Mini-Rock, durchsichtige Blusen und Maxi-Stiefel in den USA populär.

Die junge Linie
mit internationalem Flair ....
AVON hat sie!
HAIR DRESS
AVON bringt Schönheit direkt ins Haus!
NEW YORK LONDON MÜNCHEN PARIS ROME

Twen-sein verpflichtet... auch zum richtig Angezogensein »darunter«. In jedem Fall klar profiliert. Das ist jung... richtig jung. Jung und aktuell auch das Material: weichfliessendes »Perlon«.
Miss perlon
SCHIESSER
Mode in Wäsche
Modell 312
Auch im Ausland erhältlich

Paris 1963
21
23
25
27
COTY
24 Stunden leuchtende Lippen
NEW YORK · LONDON · PARIS

Weisses vergilbt nicht mehr!
Henkel
Das Spezial-Waschmittel für alle modernen weissen Gewebe
dato ist da!
Weisses vergilbt nicht mehr!
Henkel

BRI-NYLON
...einfach vollkommen durch Hemdenpaß
BRI NYLON
Nur wer niemand ist, hat keinen Paß.
Wer was ist, kann es auch beweisen.
BRI-NYLON-Hemden sind »was«.
Und wer sie trägt, ist »wer«.
Er kann sich sehen lassen.
Sich und seine Hemden.
Nur BRI-NYLON-Hemden haben den
Hemdenpaß. Er garantiert: Jedes Hemd
einzeln registriert. Nummer für Nummer.
Jedes Hemd aus gutem Hause,
männlich elegant, modisch aktuell.
Kein Bügeln – absolut pflegeleicht.
Sichtbar hochwertig.
Sie werden Ihre Freude daran haben.
ICI
NYLON

DJANGO

Nicks neuer Binder-Bazar
Suchen Sie sich hier Ihre neue Frühlingskrawatte aus! Dieser Herr trägt drei. Erstens, um sie Ihnen zu zeigen, und zweitens, weil er sich von keiner trennen kann. Denn, die Entscheidung ist schwer und guter Rat lieb.
Nicks Binder-Bazar läßt Ihnen Zeit zum Überlegen. Und das müssen Sie wissen: Preis pro Krawatte (vollsynthetisch und waschbar) 15 DM plus Porto. Hersteller: Pfau, Krefeld. Den Bestellschein finden Sie auf Seite 118.

Anspruchsvolle Raucher verlangen KRONE.
Warum?
Weil KRONE die Cigarette mit einer zweifachen Garantie ist. Erstens ist sie garantiert nikotinarm im Rauch, und zweitens garantiert das Haus Simon Arzt für den vollen herzhaften Geschmack, auf den Sie als erfahrener Raucher Wert legen. Wir empfehlen Ihnen deshalb wohlbegründet KRONE.
KRONE
Eine Cigarette, wie sie heute sein soll
20 Stück
DM 1,75

Salem
...ohne!

3 Dinge braucht der Mann
Feuer
Pfeife
STANWELL
EXTRA MILD
DM 2,50
EXTRA MILD

DIE ECHTEN
GAULOISES
CAPORAL
20 CIGARETTES
FILTRE
GAULOISES
DISQUE BLEU
20 CIGARETTES
CAPORAL
FILTRE
Mit und ohne Filter
20 Stück DM 1,70
*) Gauloises: Aus den Original-Tabaken, unter ständiger Kontrolle der Régie française, in Deutschland hergestellt.

Genuß im Stil der neuen Zeit
LORD EXTRA ist voll im Geschmack.
Und mild – nikotinarm im Rauch.
LORD EXTRA schenkt vollendeten Genuß.
Lord Extra
Lord
EXTRA
IM RAUCH NIKOTINARM

Neue Fernseh-Satelliten.
Eine Entwicklung, die unser Leben
noch farbiger,
noch aktueller gestalten wird.
So wie die neue Generation der Cigarette,
die Große PEER ›100‹.
Die neue Generation der Cigarette
Die Große PEER ›100‹
100 mm lang
und nikotinarm
im Rauch
PEER

Sie können sehr viel für sich tun
Simona
Eine fortschrittliche Leistung zeigt den Weg:
Rauchen Sie Simona! Diese feinaromatische, hochklassige
Filter-Zigarette hat den Vorzug der neuzeitlichen Entwicklung. Ihre Nikotinminderung im Rauch
ist eine fortschrittliche Leistung im besten Sinne! In Ihrem Sinne! Sie macht es
Ihnen leicht, sehr viel für sich zu tun.
10 Pf
Simona

KYRIAZI FRÈRES
FINAS
FINAS die Feine - wo nur das Beste gut genug ist

# KUNST

Die Skulptur »Ruhender Verkehr« des Künstlers Wolf Vostell in der Kölner Domstraße, aufgenommen im Oktober 1969. Unter dem Zement ist ein zugelassener Opel Kapitän, für den Steuer und Versicherung für ein Jahr im Voraus bezahlt wurden, zum Stillstand gekommen.

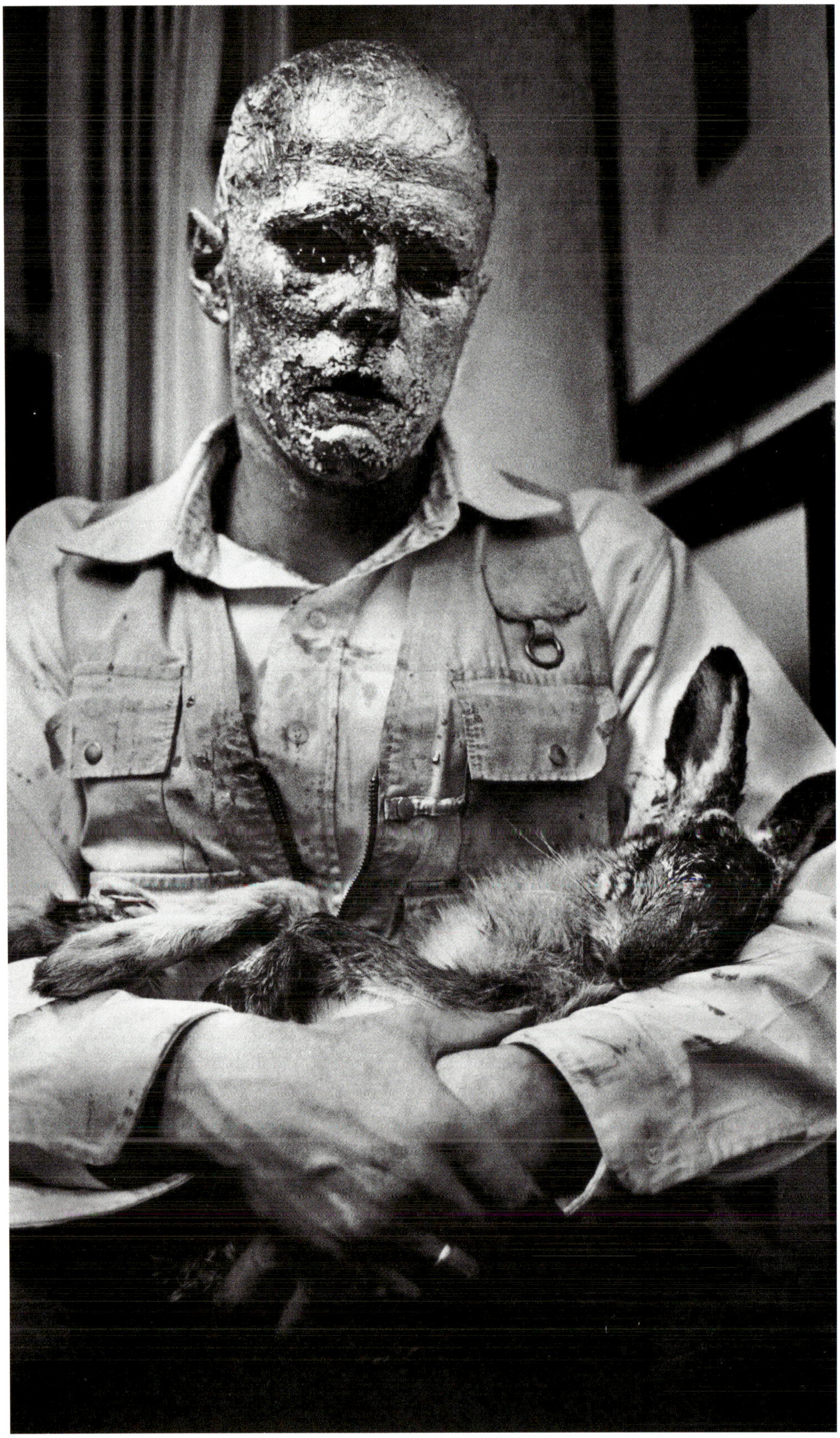

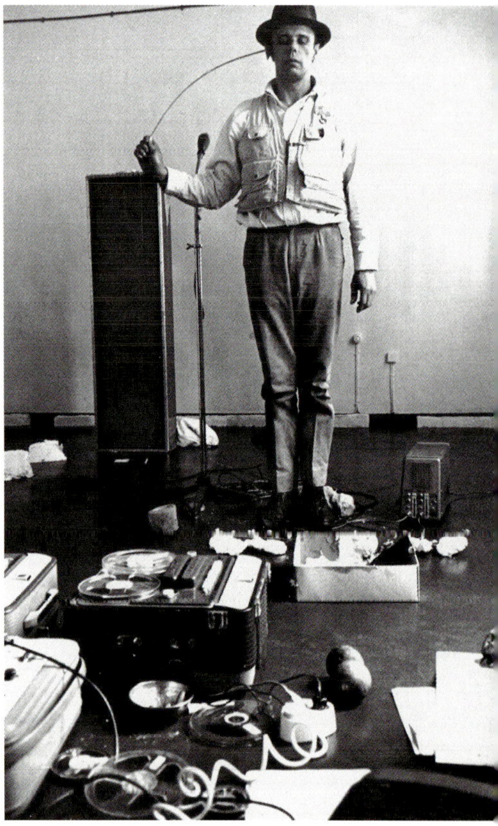

Oben: Joseph Beuys lässt am 20. März 1967 in Darmstadt während der Veranstaltung »Fluxus« die Ausstellung »Fettraum« entstehen. Während der Däne Henning Christiansen sechs Tonbandgeräte bediente, die atonale Musik hervorbrachten, schuf der Künstler mit 375 Halbpfund-Margarinewürfeln sein Kunstwerk.

Die Aktion von Joseph Beuys »Wie man dem toten Hasen die Bilder erklärt« in der Alten Galerie Schmela in Wuppertal, 1965.

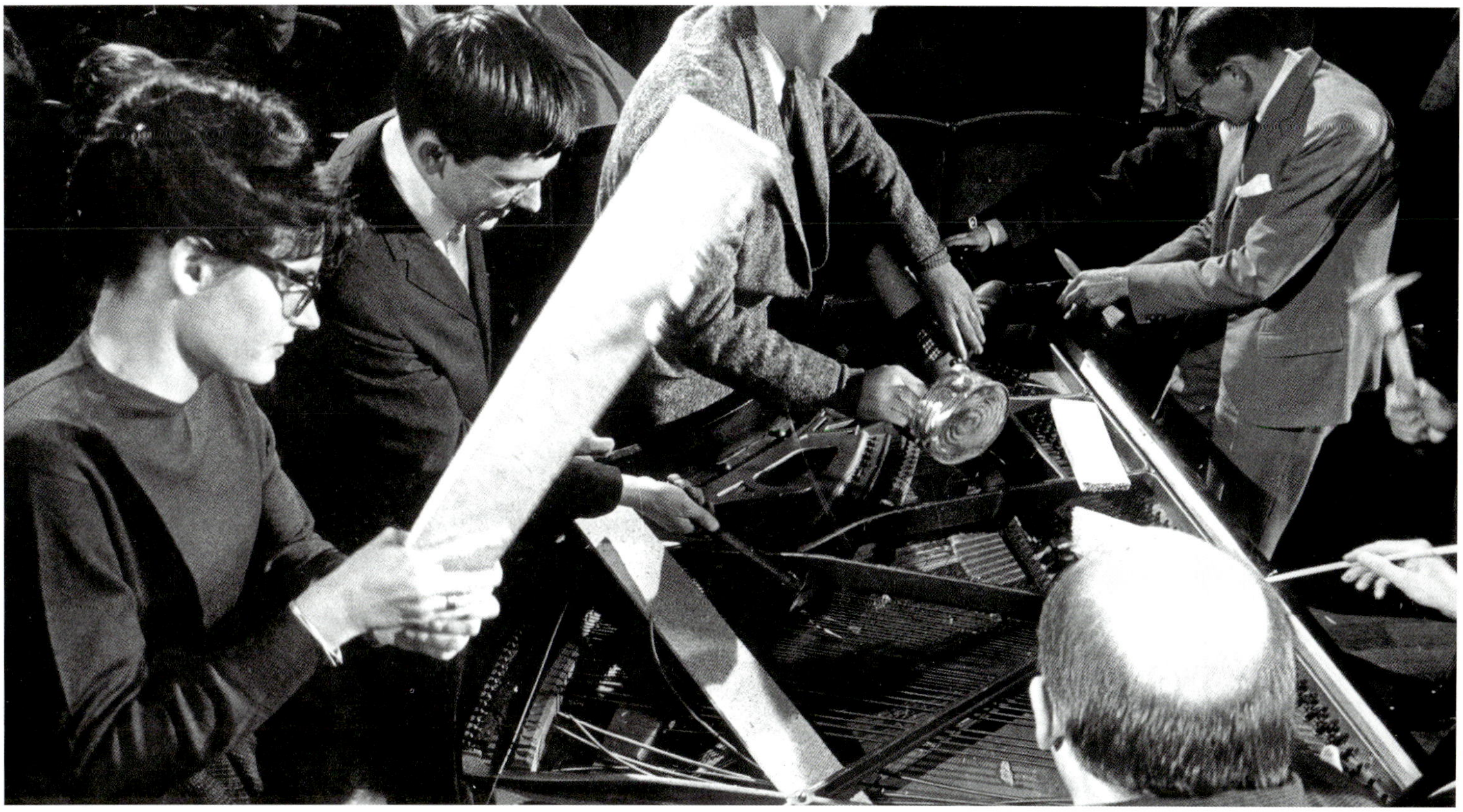

Mitwirkende der Veranstaltung »Fluxus. Internationale Festspiele neuester Musik« 1962 in Wiesbaden entlocken einem Flügel unterschiedlichste Töne, indem sie das Instrument mit Brettern, einem Hammer und anderen Gegenständen bearbeiten.

Der gleiche Flügel etwas später.

Kunst zum Mitmachen, Einbeziehung des Publikums in die Aktionen des Künstlers hieß ein Credo der 60er Jahre. Die ideale Form dafür war das Happening. Die Künstlergruppe ZERO sorgte zwischen 1961 und 1967 für einige spektakuläre Aktionen. Im Bild ein Happening von Otto Piene von 1966 mit Lichtprojektionen und beweglichen Skulpturen.

Noch einmal der ZERO-Künstler Otto Piene, diesmal mit aufblasbaren Objekten auf den Rheinwiesen bei Düsseldorf-Oberkassel, 1967.

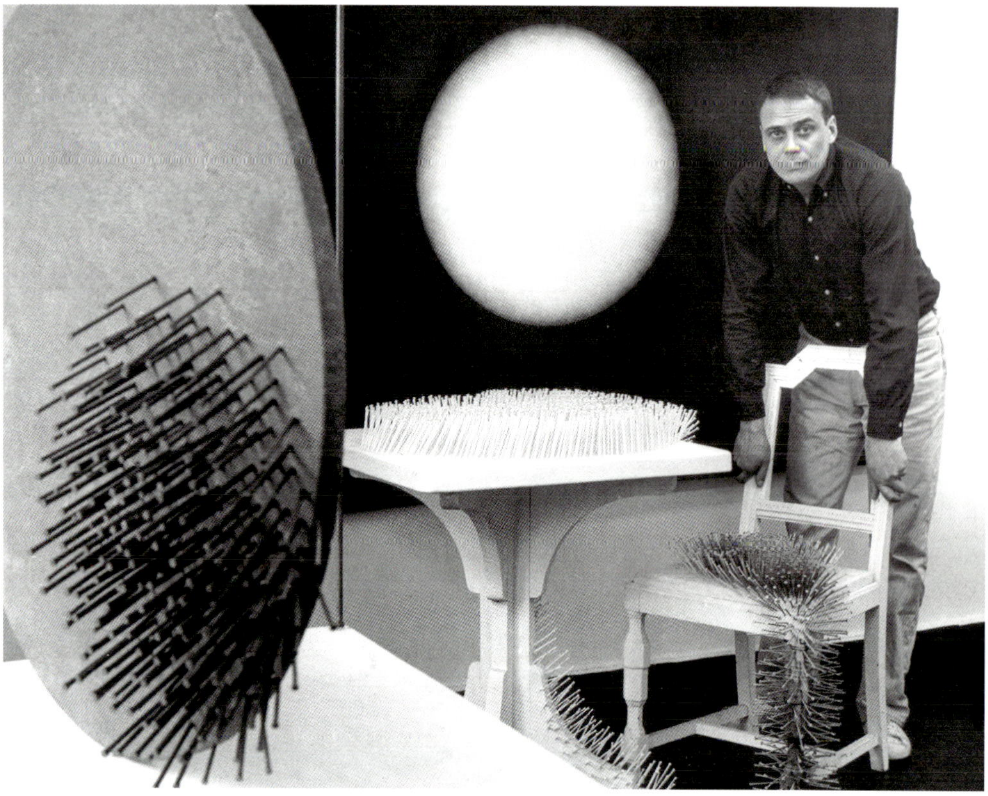

»Hommage a Schmela«, eine Aktion verschiedener Künstler zur Schließung der alten Galerie Schmela 1966; im Bild Heinz Mack bei seiner Installation.

»Mack, Piene, Uecker, die sind jetzt am Drücker« hieß es in Kunstkreisen ...

Der deutsche Bildhauer und Objektkünstler Günther Uecker mit einigen seiner Nagelbilder im Mai 1965. Das Markenzeichen des ZERO-Mitglieds ist der Nagel. Von Scheiben, organischen Formationen bis hin zu übernagelten Möbelstücken reichen seine in die Kunstgeschichte eingegangenen Nagelbilder.

# Aktionskunst

Nam June Paik benutzt einen mit Farbe gefüllten Nachttopf, um mit seinen in die Farbe getauchten Händen Abdrücke auf einen vorbereiteten, auf dem Boden liegenden Papierstreifen zu malen. Der seit 1956 jahrelang in Deutschland lebende Künstler, einer der renommiertesten Vertreter des Fluxus, führte seine Aktionskunst im Rahmen der Veranstaltung »Fluxus. Internationale Festspiele neuester Musik« 1962 in Wiesbaden vor. Paik, der mit Künstlern wie Karlheinz Stockhausen, John Cage und Joseph Beuys arbeitete, erregte mit Aktionsmusik und Mixed-Media-Aktionen Aufsehen.

In Düsseldorf begründeten Gerhard Richter und Sigmar Polke ihren Weltruf mit lakonischen Abbildern der medialen Welt. Im Unterschied zum so genannten sozialistischen Realismus, der die Heldentaten der Arbeiterklasse verewigte, wurde die distanzierte und ironische Herangehensweise als »kapitalistischer Realismus« bezeichnet. Richter verwendete Fotos und Zeitungsausschnitte als Vorlagen, die er auf seine ganz spezifische Art »vermalte«.

Gerhard Richter, »Schwimmerinnen«, 1965

Gerhard Richter, »Alfa Romeo«, 1965

Erfolgsrezept des deutschen Films: Rot pflegt Weiß. Marie Versini als Nschotschi und Lex Barker als Old Shatterhand

# KINO

Unnachahmlich, dieses vordergründige Entsetzen bei Gerd Fröbe. Aber wem ginge es anders, stünde plötzlich der Grüne Bogenschütze vor einem? Pressetext: »Als Abel Bellamy seinen Herrensitz Schloss Garre in der Nähe von London bezieht, beginnt eine unheimliche Mordserie: Ein grüner Bogenschütze verschießt tödliche Pfeile. Während Scotland Yard Ermittlungen anstellt, ist Bellamys hübsche Nichte Valerie auf der Suche nach ihrer verschwundenen Mutter. Als sie herausfindet, dass Bellamy ihre Mutter im Schloss gefangen hält, lässt er die junge Frau kidnappen.«

# Hexer, Äbte, Bogenschützen

Böse, Zwielichtige und Fieslinge waren nie so schön böse, fies und zwielichtig wie in den Edgar Wallace-Filmen, besonders wenn sie von Klaus Kinski gespielt wurden. Wer ist wohl der geheimnisvolle »Schwarze Abt«, der im Schloss von Lord Chelford spukt und mordet? Auch Dick Alford (Joachim Fuchsberger), der Verwalter des Lords, scheint eine dubiose Rolle zu spielen. Die Fähigkeit von Klaus Kinski bestand darin, mit einem Blick manchmal einen ganzen Film zu retten.

Auf einen Charakter wie »den Hexer« muss man erst einmal kommen und ihn dann auch noch von Deutschen für den Film inszenieren lassen. Das ist das Grundrezept für kultige Filme, die vierzig Jahre nach ihrem Enstehen auch von Kindern mit großer Begeisterung geschaut werden. Szene mit Edwards (Eddie Arendt), Inspektor Wesby (Heinz Drache) und dem »Hexer« (René Deltgen).

Die Figuren der Winnetou-Filme hatten ihren eigenen Reiz. Ein ehemaliger Tarzan Darsteller (Lex Barker) und ein bis dato unbekannter schöner Franzose (Pierre Brice) bildeten das Tandem der »Winnetou« und »Old Shatterhand«-Filme nach Karl May. Flankiert wurde das Gespann durch eine Vielzahl attraktiver Halb- und Vollblüter (u. a. Karin Dor, Marie Versini, Dunja Raiter, Uschi Glas), durch kauzig-schrullige Einzelgänger und richtig böse Bösewichter und Raufbolde.

Das Erfolgsrezept von internationaler Starbesetzung und sehr amerikanisch wirkenden Drehorten in Jugoslawien brachte insgesamt 17 Karl May-Filme zwischen 1963 und 1969 hervor.

Rechts: Wahre Männerfreundschaft zwischen Old Shatterhand und Winnetou

**... scheint so, wenn ich nicht irre ...**

# Das Karl May-Imperium

Karl May bedeutete nicht nur Western, sondern auch Abenteuer im Orient mit der Figur Kara Ben Nemsi. Hier zu sehen Ralf Wolter als Hadschi Halef Omar und Chris Howland als Archibald.

Uschi Glas in der Rolle der Apanatschi neben einem Steinadler während der Dreharbeiten zu »Winnetou und das Halbblut Apanatschi« (Foto von 1966).

Und noch einmal Ralf Wolter als Sam Hawkins, diesmal geschniegelt und gestriegelt.

Heinz Rühmann als Pater Brown, den liebenswerten geistlichen Herrn mit der unfehlbaren, kriminalistischen Spürnase. Foto von 1962

Die Hauptdarsteller Uschi Glas und Werner Enke mit Regisseurin May Spils (Mitte) bei Dreharbeiten zu einer Bettszene für den Film »Zur Sache Schätzchen« im August 1967. Vor allem Enkes lässige Sprüche haben den Film vor dem Vergessen bewahrt.

# ... total ausgebufft und abgeschlafft ...

Der Schauspieler, Entertainer und Sänger Peter Alexander klopft als Peter Sommer in der »Pyjamastory« in dem heiter-erotischen Episoden-Film »Das Liebeskarussell« von 1965 an seine Zimmerwand, während Anita Ekberg als Lolita Young im Nachbarraum horcht.
Das sieht nach einem cineastischen Leckerbissen aus ...

# Deutscher Film

Um 1963 begannen junge deutsche Regisseure, in ihren Filmen von anderen Dingen zu erzählen als von Indianern, Kommissaren und verschmitzten Geistlichen. Damit begann der »Neue deutsche Film« und der Weltruhm von Regisseuren wie Schlöndorff, Fassbinder, Kluge und anderen.
Ausschnitt aus der Zeitschrift »Filmkritik« von 1966.

Früchtchen: Senta Berger 1961 in der Filmkomödie »Diesmal muss es Kaviar sein«.

»Wer zuerst schießt, hat mehr vom Leben« von 1960. Aus diesen einfach zu verstehenden Lebensweisheiten waren die meisten Filme mit Eddie Constantine gestrickt. Eine Ausnahme machte nur »Alphaville« von Jean-Luc Godard.

Szene aus dem Film »Unser Mann aus Istanbul« (1965) mit Sylvia Koscina (Kenny) und Horst Buchholz (Tony). Buchholz gehört zu den wenigen deutschen Filmschauspielern, die internationalen Ruhm erlangten und in Hollywood Erfolg hatten. Seine bekanntesten Filme sind »Die Halbstarken« (1956), mit dem ihm der Durchbruch gelang, »Eins, zwei, drei« (1961) und »Die glorreichen Sieben« (1960).

Mario Adorf, wandlungsfähig wie er ist, in einer italienischen Räuberpistole.

## Internationale B-Movies

In den 60er Jahren wurde eine Serie von B-Filmen auf der Basis der deutschen Jerry Cotton-Romane gedreht. Die Rolle des Jerry Cotton spielte der US-Schauspieler George Nader, die des Phil Decker der deutsche Schauspieler Heinz Weiss (später Traumschiff-Kapitän). Kultstatus erlangte vor allem die Filmmusik von Peter Thomas.

Ein beliebtes Mittel, um Sex im Film unterzubringen, war die vordergründige Entrüstung angesichts unmoralischer Zustände: Bei »Mädchen hinter Gittern« von 1965 versucht ein junger Pfarrer, einem seelisch belasteten Mädchen einer Fürsorgeanstalt beizustehen, um von ihrer Rauschgiftsucht loszukommen ...

In »Die Puppen« von 1964 dienen vorwiegend italienische Filmstars als Attraktionen für erotische Episoden: Gina Lollobrogida, Elke Sommer, Monica Vitti und Virna Lisi (im Bild) lassen mal mehr, mal weniger die Hüllen fallen.

Das Thema Sex war aus dem Film der 60er nicht wegzudenken. Der Gattungsbegriff der »Lolita« entstand erst durch Kubricks Film von 1961 nach der Romanvorlage von Vladimir Nobokov.

James Bond war der Inbegriff gepflegter britischer Promiskuität und sein erster Darsteller Sean Connery verkörperte ihn entsprechend. Die ersten Bond-Filme hatten aber nicht nur einen smarten Helden zu bieten, sondern atemberaubende Sets, legendäre Bond-Girls, großartige Bösewichte und Träume auf vier Rädern.

## Kult und Avantgarde

Comic Strips haben in den 60er Jahren einen erheblichen Einfluss auf das Kino ausgeübt. Ohne Comics keine Spaghetti-Western, aber auch keine »Barbarella«, die, von Jane Fonda verkörpert, hier ihren Space Orgasmus erlebt.

Barbarella war eine Erfindung Jean-Claude Forêts, der den Comic ab 1962 zeichnete. Der Regisseur Roger Vadim, Ex-Ehemann von Brigitte Bardot, und später Ehemann von Jane Fonda, schuf mit Barbarella vor allem wegen der Settings einen äußerst einflussreichen Film.

Auch wenn seine Filme nie Kassenschlager waren, gilt Jean-Luc Godard als einer der einflussreichsten Regisseure überhaupt. Mit »Außer Atem« trat er 1960 die Nouvelle Vague in Frankreich los und machte Jean Paul Belmondo und Jean Seberg zu Stars; mit seinem Epos »Week-end« von 1968 beendete er das traditionelle Erzählkino. »Week-end« ist eine künstlerische Abrechnung mit dem bürgerlichen Leben in den 60ern, die Horrorvision einer Gesellschaft, in der Autos wichtiger sind als menschliche Beziehungen.

Kult und
Avantgarde

Die Schauspielerin Ursula Andress posiert im Juni 1962 in ihrem Bikini aus dem Thriller »James Bond jagt Dr. No« auf einem Tigerfell. Für diese Rolle von 1962 wurde sie 1999 in einer Umfrage zum »besten Bond-Girl aller Zeiten« gewählt

Elke Sommer. Nach der Wahl zur »Miss Viareggio« 1958 sah Vittorio de Sica ihr Foto und holte sie zum Film. Durch ihre Rolle in »Das Mädchen und der Staatsanwalt« im Jahr 1962 wurde auch Hollywood auf das blonde »Fräulein« aufmerksam und machte die Pfarrerstochter aus Franken zu einem der wenigen deutschen Hollywood-Stars.

Uschi Obermaier, deutsches Topmodel und wegen ihrer Liaison mit Rainer Langhans lange Zeit als »Deutschlands schönste Kommunardin« gehandelt, wechselte 1969 ebenfalls ins Filmfach und drehte mit Rudolf Thome »Rote Sonne«. Hier in einer Aktaufnahme.

# KINO

Romy Schneider und ihr Ex-Verlobter Alain Delon in dem Film »Der Swimming-Pool« (1968).

So sieht ein zufriedener normannischer Kleiderschrank aus: Curd Jürgens mit Filmpartnerin und Jet-Setterin Ira von Fürstenberg 1968 an der Riviera. Die Tochter des Prinzen Tassilo von Fürstenberg und Claire Agnelli (der Schwester des Fiat-Chefs Giovanni Agnelli) heiratete 1955 als 15-jährige Alfonso zu Hohenlohe-Langenberg. Die Ehe wurde 1960 geschieden und später von der Katholischen Kirche annulliert.

Der Olympionike Uwe Beyer als Siegfried und Maria Marlow als Kriemhild in einer Szene des zweiteiligen von Harald Reinl 1965 inszenierten Films »Die Nibelungen«. Der muskelbepackte, blonde und blauäugige Uwe Beyer empfahl sich mit dem Gewinn der Bronzemedaille im Hammerwerfen bei den Olympischen Sommerspielen 1964 in Tokio für die Rolle des »Siegfried«. Dem Ausflug ins Filmgeschäft folgten weitere sportliche Erfolge: 1971 warf er die Weltrekordweite von 74,90 Metern, bei den Olympischen Spielen 1972 in München errang er immerhin noch den vierten Platz.

Uschi Glas und Roy Black am Rande der Dreharbeiten zu dem Film »Immer Ärger mit den Paukern«. Seit den 60er-Jahre-Erfolgen mit Karl-May-Filmen und Kinokomödien wie »Zur Sache, Schätzchen« oder »Wir hau'n die Pauker in die Pfanne« stieg sie zu einem der beliebtesten TV-Stars Deutschlands auf.

Eine zeitlose Geschichte von Astrid Lindgren und ein großer Kino- wie Fernseherfolg: Pippi Langstrumpf (Inger Nilsson) und ihre Freunde Annika (Maria Persson) und Tommy (Per Sundberg), vor der »Villa Kunterbunt«.

Ebenfalls unvergessen: Ferien auf Saltkrokan von 1965.
»Das Trollkind« ist wohl eine der stärksten Episoden der Reihe.
Die lieben Kinder vergnügen sich im Chaos, die Erwachsenen
bekommen einen erhöhten Puls, aber alle lieben Skrallan.

AUTO
Fahren in seiner schönsten Form. Der Porsche 911 war der deutsche Sportwagen der 60er Jahre schlechthin.

Viele halten die 60er Jahre für die kreativste und fruchtbarste Epoche der Automobilgeschichte. Diesseits und jenseits des Atlantiks entstand eine Vielzahl atemberaubender, skurriler, kraftstrotzender oder einfach nur technisch und stilistisch besonderer Automobile. Die Anzahl der Marken und Modelle war schier unübersehbar, die Inszenierung des Automobils erklomm ungeahnte Höhen. Auch in Deutschland gab es 1960 noch eine Marken- und Herstellervielfalt, die sich erst gegen Ende des Jahrzehnts zu den sieben auch heute noch bestehenden Herstellern reduzierte. Das Auto war des Deutschen liebstes Spielzeug, sein Ein und Alles ...

# Verkehr und Chaos

Ein neues Phänomen in Deutschland: Der Stau. Das Wirtschaftswunder hatte so viele Autos auf die Straßen befördert, dass die Straßen dem Verkehr nicht mehr Herr wurden. Zwei Lastwagen fädeln im August 1963 auf einem Abschnitt der zweispurigen Autobahn Stuttgart - Karlsruhe auf die linke Schnellfahrbahn ein, um einen Transporter zu überholen und behindern so den schnelleren Verkehr.

Die »neue Klasse« – eine klare, von Michelotti designte Linie, kompakte Ausmaße – das waren die BMWs der 60er Jahre.

Anfang der 60er greifen viele Hersteller lieber zur Illustration als zur Fotografie, wenn es darum geht, die Vorzüge ihres Produkts vorteilhaft herauszustellen. Auch Opel vertraut dem Zeichner, um seinen Rekord Car-a-van 1961 schmackhaft zu machen.

## Design und Inszenierung

Noch einmal Opel, diesmal der Rekord des Jahrgangs 1960, dargestellt als perfektes Familienauto, nach dem man sich umsieht.

VW geht in seiner Werbung für den 1500 eine Mischform aus Fotografie und Illustration ein, um die vielfältige Raumnutzung des Heckmotors zu demonstrieren.

Ein Porsche fällt auf im Straßenbild – das suggeriert die Werbefotografie zu Ehren des Typs 911. Für den formgleichen, aber schwächer motorisierten Typ 912 gab es immerhin eine sehr stylische Broschüre. In der Gestaltung der Werbematerialien gehörte Porsche zu den Protagonisten eines modernistischen Designs. 1964 werden experimentelle Fotos für den Verkauf des Rennsportwagens Typ 904 eingesetzt.

Glas 1900 und NSU Prinz – Mittelklasse- und Einstiegsmodell. Der Hans Glas AG war kein dauerhafter Erfolg beschieden, sie wurde trotz einiger wegweisender Modelle (Goggomobil) von BMW geschluckt. Auch NSU schaffte es nicht alleine – nach dem revolutionären Ro 80 ging sie in der AUDI AG auf.

Dieser englische Geniestreich, der 1959 vorgestellte Austin Mini, wurde das 60er-Jahre-Auto schlechthin. Klein, wendig, flink und vor allem: total schick.

K RJ 865

Neue Linie

Gegenüberliegende Seite oben: Der Ford Taunus 20M, der Nachfolger der berühmten »Badewanne« mit gemäßigt amerikanischer Linienführung.

Hatte auch nach zehn Jahren nichts an Attraktivität verloren: Eine Gruppe Männer fachsimpelt neben einem Citroen DS 21 auf dem Gelände der Frankfurter Messe während der Internationalen Automobilausstellung IAA im September 1965.

Ford Escort aus dem Baujahr 1968 dessen Spitzname wegen des markanten Kühlergrills »Hundeknochen« lautete. Zu seinen wichtigsten Merkmalen zählte von Anfang an die Vielfalt der Versionen. Von der biederen Familienkutsche bis zur heißen Renn- und Rallyeversion war der Escort für alles gut.

Der ärgste Rivale des Taunus, der Opel Rekord B von 1965 mit der typischen Lichtkante über den Radausschnitten und den markanten Doppelheckleuchten.

# Kleine Sportler

Erfreut nimmt der schwedische Kronprinz Carl Gustaf von Schweden die Schlüssel seines neuen Sportwagens, einem Volvo des Typs P 1800, aus den Händen des Volvo-PR-Chefs Hans Blenner entgegen, aufgenommen im Jahre 1968 vor dem Königlichen Schloss in Stockholm.

Der Ford Capri. Betont lange Motorhaube, die Linienführung ein wenig an amerikanische Muscle Cars angelehnt, innen aber mit vier vollwertigen Sitzen ausgestattet. Dazu ein breit gefächertes Motorenangebot und ein familienfreundlicher Preis – das war das Erfolgsrezept des legendären Capri, der 1969 Premiere feierte.

Zwischen Modena und Detroit: Ein orangefarbener Opel GT. Der GT wurde ab 1968 als serientaugliches Derivat eines Opel Showcars gebaut und bot mit italienischer Linienführung, Renntankverschluss und Schlafaugen viel mehr, als man je von einem Opel erwartet hätte.

Drei Messehostessen präsentieren den Autonova NSU GT bei der Internationalen Automobilausstellung in Frankfurt/Main 1965. Es blieb bei diesem Prototyp.

Bescheidene Anfänge: Ein Borgwart Hansa in südlichen Gefilden. Foto von 1960.

Auf deutschen Straßen ein seltener Anblick: Jaguar-Daimler Sovereign von 1967, die englische Variante der großen Geschäfts- und Reiselimousine.

## Ab ins Grüne

Fiat 500 Giardiniera (Gärtnerin), die 1960 auf den Markt gekommene Lieferwagenvariante des berühmten Kleinwagens.

Ford Transit von 1968, als Lieferwagen, Kleinbus und Wohnmobil gleichermaßen beliebt.

Damals ungeliebt, heute auf dem Weg zum Kultauto: VW 411 E und VW Variant 411 E in ihrem Element. Pressetext: »Mit 155 Stundenkilometern Dauergeschwindigkeit auf der Autobahn. Der VW 411 gehört zur oberen Mittelklasse und verfügt über einen 1700 ccm luftgekühlten Vierzylinder-Boxermotor mit 86 PS.« Er kam im Sommer 1968 auf den Markt und war als Zwei- oder Viertürer lieferbar.

Die letzte echte Opel-Oberklasse: Diplomat, Admiral und Kapitän im Jahr 1964 auf der Teststrecke bei Rüsselsheim. Doch gegen Mercedes hatte der Opel auf Dauer ein Imageproblem.

# Alltagsexoten

Ursprünglich für die Bundeswehr entwickelt, buhlte der »Munga« genannte, allradgetriebene Zweitakt-Geländewagen auch um zivile Nutzer.

Der VW Beetle auf der Internationalen Automobilausstellung in Frankfurt 1969. Die kalifornischen Dune Buggies waren Vorbild für den TÜV-tauglichen deutschen Ableger. Die Karosserie wird als Bausatz von Karmann geliefert und auf ein verkürztes VW-Chassis montiert.

Formal halbwegs auf der Höhe der Zeit, technisch Jahre hinterher: Der Wartburg 353 bzw. Typ 1000. In der DDR verkörperte er die automobile Oberklasse.

Der Dienstwagen von 007 – ein Aston Martin DB5 von 1964. Britisches Understatement mit italienischem Charme (Design von Carozzeria Touring).

Der Dienstwagen von Marcello Mastroianni:
Maserati 3200 GT Coupé. Design von Pietro Frua.

Der Jaguar E-Type von 1961 – eines der schönsten Coupés, die je gebaut wurden.

Auch die Japaner konnten es: Toyota 2000 GT, ebenfalls ein Bond-Mobile und heute extrem rar und teuer.

Der 1967 vorgestellte NSU RO 80 war für Deutschland das, was Citroens DS für Frankreich war: ein revolutionäres Auto, seiner Zeit um zehn Jahre voraus. Die neue Antriebstechnik des Wankelmotors schien die Zukunft des Automobils anzukündigen, das Design von Claus Luthe war einfach atemberaubend schön und aerodynamisch sinnvoll zugleich. Ein komfortabler Reisewagen, der leider zu Beginn an einigen Kinderkrankheiten litt.

Krone der Schöpfung

Aero
dynamik
Fortschritt in der Automobiltechnik und langjährige Erfahrung und Tradition sind im CITROEN vereint. Fast schwerelos und doch fest in seiner Spur gleitet er dahin. Alle Unebenheiten der Fahrbahn, alle Erschütterungen fängt seine hydropneumatische Federung ab. CITROEN-Hydropneumatik bedeutet: vorbildliche Straßenhaftung auf der Geraden wie in der Kurve, ausgezeichneter Fahrkomfort und Sicherheit in jeder Situation. Komfort und Sicherheit - das ist das klassische CITROEN-Fahrgefühl.
DS 19 4türige Limousine, 1,9 l Hubraum, 80 PS, Frontantrieb, hydraulische Gangschaltung mit automatischer Kupplungsbetätigung durch Gangwähler. Servo-Lenkung, Zweikreis-Servo-Bremse, Scheibenbremsen, Michelin X-Reifen. Auf Wunsch auch mit mechanischer Gangschaltung.
ID 19 4türige Limousine, 1,9 l Hubraum, 66 PS, Frontantrieb, Zweikreis-Servo-Bremse, Scheibenbremsen, Michelin X-Reifen. Auf Wunsch mit Servo-Lenkung.
Flugzeug und Automobil haben die gleiche Funktion: Raum und Zeit schnell zu überbrücken. Die Beachtung der aerodynamischen Gesetze schafft hierfür die Voraussetzung und führt zu einer Konstruktion von zweckbestimmter Eleganz. Aerodynamik - funktionsgerechte Form.
CITROËN DS 19 und ID 19: Pfeilförmiges Profil, fliehende Linien der Karosserie, vollkommene Windschlüpfigkeit des Unterwagens, all diese Formelemente bedeuten die funktionelle Anpassung an die Gesetze der äußeren Aerodynamik und damit die kraftsparende Überwindung des Luftwiderstandes. Die äußere Aerodynamik wird ergänzt durch eine innere: Keine Kühlerverkleidung, keine überflüssigen Lufteintrittsöffnungen, die die Geschwindigkeit beeinträchtigen.
CITROEN AUTOMOBIL AG · 505 PORZ-WESTHOVEN
Fahren ohne Gefahren
citroën

Wir haben den Audi Super 90 gegen die Konkurrenz gebaut.
Und schon meinen viele, er sei konkurrenzlos.
Eigentlich wollten wir der Konkurrenz nichts Böses. Wir wollten nur einen schnellen, sicheren und komfortablen Wagen preiswert bauen. Aber schon war es passiert:
Denn wo finden Sie heute für 8390 Mark einen Wagen wie den Audi Super 90, der in 12,5 Sekunden von 0 auf 100 ist? Mit einer Dauergeschwindigkeit von über 160 km/h? Mit Vorderradantrieb, Zweikreis-Bremssystem und innenliegenden Scheibenbremsen vorn, mit Liegesitzen, mit einem 600-Liter-Kofferraum, mit eleganten Armaturen und raffinierter Innenausstattung?
Kein Wunder also, dass viele Leute, die mit ihrem Wagen zeigen wollen, dass sie von Auto und vom Geld etwas verstehen, einen Audi Super 90 kaufen. Und dass der Audi Super 90 seinem Fahrer eben dasselbe verleiht, was ihn schon als Wagen unter seinen Konkurrenten auszeichnet.
Nur dass man das dann etwas anders nennt. Nämlich Exklusivität.

Preis ab Werk
Es war schon immer vernünftig, zu sparen. Aber noch nie so vernünftig wie heute.
4485 Mark.
Und deswegen bauen wir jetzt einen VW, der weniger kostet als alle anderen:
4485 Mark.
Nicht schlecht, wie? Aber es wird noch besser, wenn Sie hören, was Sie dafür bekommen.
Nämlich einen Wagen, der sogar dem früheren VW Export überlegen ist.
Er heißt VW 1200 und unterscheidet sich technisch bis auf die PS-Zahl (34 PS) und den Hubraum (1,2 Liter) kaum von den anderen Käfer-Modellen. Er hat die breite Hinterachse, die Vergaservorwärmung, die Startautomatik und das vollsynchronisierte Vierganggetriebe.
Auch innen ist er keineswegs spartanisch, sondern höchst komfortabel eingerichtet.
Mit vorderen Sitzen und Lehnen, die sich während der Fahrt verstellen lassen. Mit abwaschbarem Kunststoffhimmel. Mit Gummimatten auf dem Fußboden. Mit Noppenteppich im Fußraum. Mit drei Entfrosterdüsen für die Windschutzscheibe. Mit einer pneumatischen Scheibenwaschanlage. Mit einer Fondheizung. Mit Schraubanschlüssen für Sicherheitsgurte.
Sie können den neuen Wagen in vier verschiedenen Farben haben. In Perlweiß, in Fontanagrau, in Blau und in Rubinrot.
Seine Radkappen, Türgriffe, Zierleisten und Stoßstangen sind verchromt.
Man muß ja einem Auto nicht unbedingt ansehen, daß es wenig kostet.

Große Klappe —
aber viel dahinter:
jede Menge Platz im Kadett CarAVan
Geprüfte Zuverlässigkeit
In seinen Ansprüchen ist der KADETT CarAVan bescheiden: Benzinverbrauch 8.3 Liter auf 100 km. Aber groß in der Leistung, nicht nur im Fassungsvermögen. In 25 Sekunden beschleunigt der 45 PS Meter von Null auf Hundert. Kompakt gebaut, fädelt sich der CarAVan durch dicksten Verkehr, schlüpft er in kurze Parklücken. Ein praktisches Nutzfahrzeug, ein schickes Familienauto. Und so sicher wie alle KADETT-Modelle.
OPEL
Kadett
KURZ GESAGT O.K.

Die neue Kreidler Florett GT
Punkt für Punkt richtig!
Teleskopgabel: hydraulisch gedämpft mit kombinierter Stahl-Öl-Luftfederung der Renn-FLORETT. Einzigartige Straßenlage.
Lenker, Scheinwerfer Tachometer: durch klare Formgebung eine geschlossene Einheit. Gibt der Maschine ein rasantes Aussehen.
Sitzposition: sportlich, wenig ermüdend, sichere Beherrschung auch bei extremer Schräglage. Bequeme, gut gepolsterte Sitzfläche für 2 Personen.
Gepäckträger: mit sehr großer Ladefläche, stabile Ausführung, verchromt, seitliches Anhängen von Gepäcktaschen. Ideale Reisemaschine.
Verkleidungen: alle wichtigen technischen Teile verkleidet. Motorverkleidung patentrechtlich geschützt, leicht abnehmbar. Technik mit Schönheit vereint.
Motor: 5,3 PS bei 7600 U/min. Zur letzten Reife gebrachter 5-Gang-Sportmotor, durch Gebläse absolut vollgasfest.
Preßstahlrahmen: kein »Drahtesel«. Vollautomatisch unter Schutzgas geschweißt, selbsttragend, leicht, stabil und formschön.
Machen Sie Ihre eigene Punktwertung. Bei einer Fahrt mit der Kreidler-FLORETT GT. Sprechen Sie mit Ihrem Fachhändler. Sie finden jeden Punkt bestätigt. Außerdem hat die Kreidler-FLORETT weitere zahlreiche Pluspunkte. Sie sind das Ergebnis langjähriger Renn- und Rekorderfahrungen. Punktum!
FLORETT-Fahren ist einfach chic!
Wir liefern: Kreidler-FLORETT GT, 50 ccm, 5,3 PS, 5-Gang-Fußschaltung, 80 km/h, Führerschein 4. Kreidler-FLORETT Mokick, 50 ccm, 2,6 PS, wahlweise 3-Gang-Hand- oder Fußschaltung, 40 km/h, Führerschein 5.
Wenn Sie mehr über die Kreidler Florett Modelle wissen möchten, kleben Sie bitte diesen Gutschein auf eine mit Ihrem Absender versehene Postkarte. Senden Sie ihn bitte an uns: Gutschein H/3 Kreidler Fahrzeugbau. 7014 Kornwestheim.
Kreidler schnellstes 50-ccm-Motorrad der Welt: 210 km/h!

60 oder 70 Pferdestärken...
temperamentvolle Beschleunigung...
immer im Griff durch Scheibenbremsen vorn.
Steigen Sie ein! Dann spüren Sie, was Komfort, Sicherheit und Temperament ist.
Sie gewinnen Komfort und Sicherheit – durch Breitspur!
Was ist für Sie wichtiger? Sicherheit, Temperament, Komfort, Zuverlässigkeit oder Wirtschaftlichkeit? Beim Taunus 17 M brauchen Sie auf nichts zu verzichten.
Sicherheit hat er durch Breitspur, durch McPherson-Federbeine, durch serienmäßige Scheibenbremsen vorn. Temperament garantiert der bewährte V-Motor.
Die 70 PS des 1,7-l-Motors beschleunigen in 17 Sekunden auf 100 km/h. Der Tacho klettert weiter auf 145 km/h. Die können Sie stundenlang fahren. Sie werden sich dabei wohl fühlen – ausgesuchter Komfort umgibt Sie. Die Vollkreis-Ventilation ist nur ein Beispiel dafür. Seine Zuverlässigkeit hat der Taunus 17 M tausendfach bewiesen. Nach DIN verbraucht er 8,6 l Superkraftstoff auf 100 km. Wirtschaftlich ist er also auch. Verstehen Sie jetzt, wenn wir sagen, daß Sie mit weniger nicht mehr zufrieden sein sollten. Den Taunus 17 M gibt es ab DM 6990 ab Werk.
Ford
Taunus 17 M
Ford – die Linie der Vernunft

D-PR 448
Er befreit die grünen Witwen!
Er steht immer für sie bereit.
Er ist ein Schritt auf dem Weg zur Gleichberechtigung.
Er macht sie unabhängig von den öffentlichen Verkehrsmitteln.
Er erübrigt ihnen das Betteln um den Wagen des „Familienvorstandes".
Er ist zuverlässig, stark, praktisch, chic und ungewöhnlich sicher.
Er heißt Austin, Morris, MG, Riley oder Wolseley, ganz wie sie wollen.
Er richtet sich nach ihren Wünschen, wenn es um Gesicht, Motorleistung und Innenausstattung geht.
Er bleibt trotzdem in seiner Konstruktion immer gleich.
Er ist ohne lästige Wartezeiten zu haben.
Er erwartet sie zu einer Probefahrt beim nächsten Händler.
Er – der 1300er von British Leyland.
AUSTIN
MORRIS
MG
RILEY
WOLSELEY
BRITISH
LEYLAND
A. Brüggemann + Co GmbH
4 Düsseldorf, Harffstraße 53, Telefon 78181, Niederl.: 69 Heidelberg, Hebelstraße 12, Telefon 20906
Alleinimporteur der Marken Austin, Morris, MG, Riley, Wolseley für die Bundesrepublik und W.-Berlin

# DAS LEBEN GENIESSEN …

Wenn Sie.... sich angeschnallt haben und warten, bis das Flugzeug in die Höhe steigt... nein, dann dürfen Sie nicht... aber gleich danach rauchen Sie mit Vergnügen doch wohl die Peter Stuyvesant, die genau das hat, was man dann braucht.
Peter Stuyvesant
FILTER 21
1592 1672
RICH CHOICE TOBACCOS
KING SIZE
WORLD TIME TABLE
LUPTHANSA FLUGPLAN
B·O·A·C

# SPORT

Die Fußball-Lichtgestalt der frühen 60er Jahre: Uwe Seeler vom Hamburger SV. Hier als Nationalspieler in Aktion, aufgenommen am 26.09.1965 beim WM-Qualifikationsspiel gegen Schweden im Stockholmer Rasunda-Stadion.

SCARIA
bra skor
ESSO
ESSO
ESSO
ESSO

**Nachdem man bei der Fußball-WM 1954 der Welt gezeigt hatte, dass man wieder wer war, sollte es auch in anderen Disziplinen wieder krachen: Das sportliche Jahrzehnt beginnt mit Armin Harys Weltrekordlauf bei der Olympiade in Rom, wo auch der Ruder-Achter zum Gold-Achter wird. Bäumler/Kilius werden das Eistraumpaar des Jahrzehnts. Deutsche Hersteller bauen die schnellsten Rennwagen, aber mit deutschen Fahrern an der Weltspitze sieht es nicht so gut aus. Die Fußball-Bundesliga wird eingerichtet und stabilisiert sich. Und dann kommt Wembley, der zweite Triumph zum Greifen nahe, aber die Schiedsrichter sehen es anders und es heißt erstmal Geduld üben. Dafür reift eine neue Generation von Fußballhelden heran, die es später richten werden. Daneben gibt es natürlich eine Vielzahl sportlicher Erfolge und Persönlichkeiten, von denen einige hier abgebildet werden ...**

Ein deutsches Traumpaar: Hans-Jürgen Bäumler und seine Eiskunstlauf-Partnerin Marika Kilius. Sie waren sechsmal in Folge Europameister im Eiskunstlauf, zweimal Weltmeister und holten außerdem zweimal olympisches Silber für Deutschland.

Sport

Die deutsche Fußball-Nationalmannschaft mit Kapitän Uwe Seeler, Torhüter Hans Tilkowski, Abwehrspieler Karl-Heinz Schnellinger, Libero Franz Beckenbauer, Wolfgang Weber und Helmut Haller läuft auf am 25.07.1966 vor 44.000 Zuschauern im Liverpooler Goodison Park-Stadion. Das DFB-Team gewinnt das Halbfinalspiel der Fußball-Weltmeisterschaft gegen die UdSSR mit 2:1 und zieht zum zweiten Mal in ein Endspiel ein.

# Wembley 1966

Der englische Stürmer Martin Peters erzielt die 2:1-Führung gegen die deutsche Elf. Seine Teamgefährten Jack Charlton und Roger Hunt schauen zu. Die deutschen Spieler Uwe Seeler, Willi Schulz, Wolfgang Weber und Horst-Dieter Höttges haben das Nachsehen.

Höchste Dramatik. In der 90. Minute erzielt Wolfgang Weber den 2:2-Ausgleich und rettet die DFB-Elf in die Verlängerung. Mit Weber jubeln seine Teamgefährten Karl-Heinz Schnellinger, Uwe Seeler und Siegfried Held. Die englische Abwehr mit Torhüter Gordon Banks, Ray Wilson und dem den Arm hebenden Bobby Moore ist konsterniert.
Die englische Fußball-Nationalmannschaft gewinnt am 30.07.1966 im Londoner Wembley-Stadion vor 97.000 Zuschauern das Weltmeisterschaftsfinale am Ende mit 4:2 nach Verlängerung und damit erstmals den WM-Titel. Das 3:2 geht als eines der umstrittensten Tore in die WM-Geschichte ein.

Wembley schnell vergessen: Nationalspieler Wolfgang Overath wirft vom offenen Wagen aus Blumen in die begeisterte Menge vor der Frankfurter Paulskirche. Die deutsche Nationalelf wurde nach ihrer Rückkehr aus England am 31. Juli 1966 in Frankfurt am Main stürmisch bejubelt, obwohl sie das Finale gegen den Gastgeber England mit 4:2 Toren verloren.

»Hörens emol, Herr Kanzler ...« Bundeskanzler Ludwig Erhard unterhält sich bei einem Empfang für den Deutschen Fußballmeister 1964, den 1. FC Köln, am 2.6.1964 im Palais Schaumburg in Bonn mit dem Kölner Nationalspieler Hans Schäfer.

# Fußball

Libero Franz Beckenbauer vom FC Bayern München hebt den ihm verliehenen »Goldenen Ball« hoch. Der spätere Weltmeister wird am 16.10.1966 in München zum deutschen »Fußballer des Jahres« gekürt. Ein erster Schritt auf dem Weg zum »Kaiser«.

Der deutsche Achter (vorn) mit Rulffs, Schröder, den Brüdern Schepke, von Groddeck, Hopp, Bittner, Lenk und Steuermann Padge, aufgenommen am 04.09.1960 während der olympischen Ruder-Wettbewerbe am Albaner See bei Rom. Der Deutschland-Achter gewinnt erstmals die Goldmedaille mit einer Länge Vorsprung vor Kanada und der Tschechoslowakei. Die Deutschen beenden damit die seit 1920 andauernde Siegesserie der USA in dieser Bootsklasse.

Fürstin Gracia Patricia und Fürst Rainier III. von Monaco verfolgen die Olympischen Sommerspiele in Rom.

## Olympia 1960 Rom

Armin Hary aus Frankfurt am Main geht bereits bei diesem Vorlauf am 31.08.1960 als Sieger durchs Ziel und stellt mit 10,2 sec. im 100-m-Lauf einen neuen olympischen Rekord auf. Der Amerikaner Dave Sime (l.) wurde Zweiter und der Pole Marian Foik (r.) Dritter. Am nächsten Tag holte sich Hary – der starken amerikanischen Läufer zum Trotz – die Goldmedaille.

Der Frankfurter Weltklassesprinter Armin Hary hebt freudestrahlend die Arme empor und genießt seinen Triumph. Hary gewinnt am 01.09.1960 bei den XVII. Olympischen Sommerspielen von Rom den 100-m-Wettbewerb. Der 23jährige, der zuvor in Zürich als erster Sprinter der Welt diese Strecke in 10,0 Sekunden gelaufen war, schockte die sieggewohnten Amerikaner mit seinem Blitzstart.

Die deutsche Diskuswerferin Liesel Westermann im Kreis bei der Vorbereitung zu einem Wurf.

Rechts oben: Der deutsche Rekord-Hammerwerfer Uwe Beyer zieht am 03.09.1966 bei der EM der Leichtathleten in Budapest mit einer Qualifikationsweite von 67 Metern ins Finale ein. Beyer übernahm später die Titelrolle im deutschen Spielfilm »Siegfried«.

Rechts: Der Zehnkämpfer Horst Beyer erreicht am 20.10.1964 bei den XVIII. Olympischen Spielen von Tokio im Kugelstoßen eine Weite von 14,32 m. Insgesamt kommt Beyer im Zehnkampf auf 7647 Punkte, was den sechsten Rang bedeutet.

## Olympia 1964 Tokio

Anders als bis dahin üblich ist dieses Plakat der XVIII. Olympischen Sommerspiele, die vom 10. - 24.10.1964 in Tokio stattfinden, allein mit den Mitteln der Fotografie gestaltet. Es zeigt den Start eines Sprinterfeldes.

Der Gewinner der Silbermedaille im Stabhochsprung, der Deutsche Claus Schiprowski, während seines Meistersprungs von 5,40 Metern. Aufgenommen während der Olympischen Spiele 1968 in Mexiko.

# Olympia 1968
# Mexiko

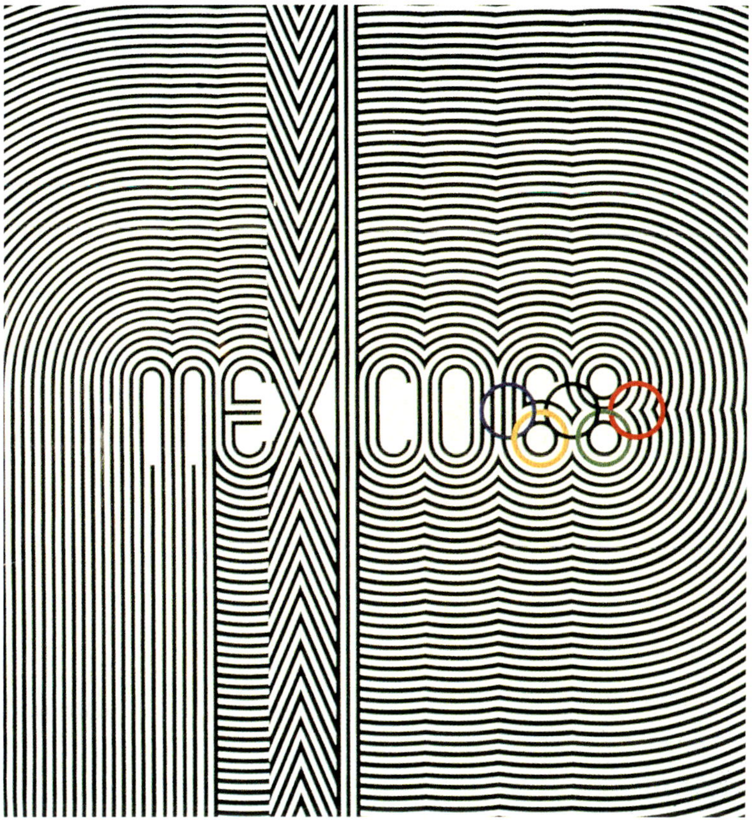

Dressurreiten: Josef Neckermann auf Mariano, aufgenommen 1968. Bei den Olympischen Spielen 1968 in Mexiko City kam Josef Neckermann mit Mariano auf den zweiten Platz der Einzelwertung und trug entscheidend zum Sieg der deutschen Mannschaft (Neckermann, Dr. Reiner Klimke und Liselott Linsenhoff) bei.

Bei der Siegerehrung für den 200-m-Lauf der Männer demonstrieren die Amerikaner Tommie Smith (Mitte, Goldmedaille) und John Carlos (rechts, Bronzemedaille) mit hochgereckter geballter Faust in schwarzem Handschuh für die Black Panther-Bewegung. Links der Gewinner der Silbermedaille, der Australier Peter Norman.

»I am the greatest«: Cassius Clay nimmt einer Linken von Sonny Liston durch Ausweichen die Wirkung. Der Schwergewichtskampf am 25. Februar 1964 in Miami/Florida endete mit einer Sensation: Der für unbezwingbar gehaltene 29-jährige Liston verlor in der 7. Runde durch technisches K.O. seinen Titel an den sieben Jahre jüngeren Herausforderer aus Kentucky.

Karl Mildenberger mit Lorbeerkranz und Trophäe: Nach nur 75 Sekunden gewinnt Mildenberger am 17.10.1964 in der Berliner Deutschlandhalle gegen den Italiener Sante Amonti den vakanten Titel des Europameisters im Schwergewicht. Karl Mildenberger behauptete den Titel bis 1968.

Gustav »Bubi« Scholz und der italienische Titelverteidiger Giulio Rinaldi während des Kampfes am 04.04.1964 in der ausverkauften Dortmunder Westfalenhalle. Rinaldi wurde zu Beginn der neunten Runde wegen eines klaren Nierenschlages in der achten Runde vom spanischen Ringrichter disqualifiziert.

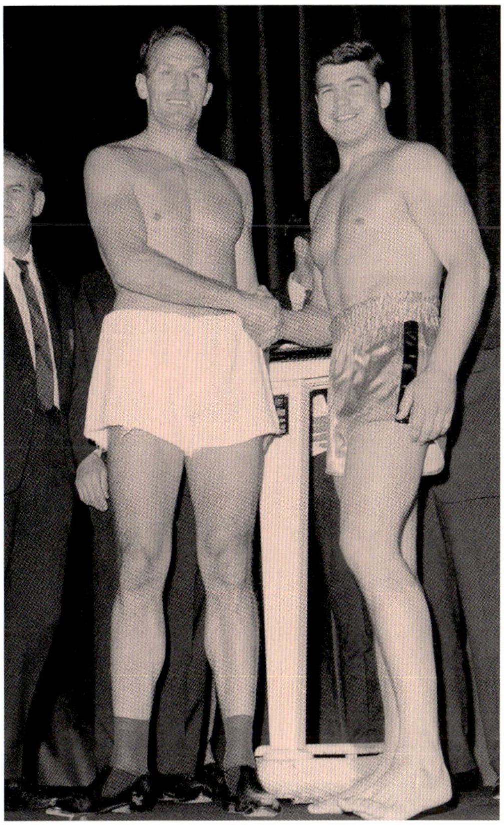

Noch einmal »Milde«: Der deutsche Schwergewichtler Karl Mildenberger (rechts) reicht seinem englischen Kontrahenten Henry Cooper am 18.09.1968 beim offiziellen Wiegen in London die Hand und lacht in die Kamera: Der anschließende Kampf gestaltet sich zum Desaster für den Mann aus Kaiserslautern: Rechtsausleger Mildenberger verliert den Kampf durch Disqualifikation gegen den englischen Europameister Henry Cooper.

Der deutsche Schwergewichtsboxer Hans Huber versucht einer linken Geraden seines USA-Kontrahenten Joe Frazier auszuweichen. Huber unterliegt bei den Olympischen Sommerspielen in Tokio am 23.10.1964 im Finale Frazier, der später eine spektakulär verlaufende Profi-Laufbahn beginnt.

Unter den bewundernden Blicken einer unbekannten Schönen lässt sich der deutsche Radrennprofi Rudi Altig am 24.6.1962 das Gelbe Trikot des Gesamtführenden der Tour dc France überstreifen. Er gewann die erste Etappe über 153 Kilometer von Nancy nach Spa vor dem Franzosen Andre Darrigade und dem Weltmeister Rik von Looy aus Belgien.

Auch das gab es: Radball. Die deutschen Radball-Spieler Karl und Oskar (Mitte) Buchholz vom RV Blitz Lauterbach im Spiel gegen die Brüder Werner (links im Tor) und Udo Strohschänk (rechts) vom RTC Wanderlust Wolfsburg bei den Deutschen Meisterschaften im Hallenradsport, die am 29. und 30.09.1962 in der Frankfurter Messehalle stattfanden. Die Brüder Buchholz, Weltmeister im Radball 1959 und 1961 bis 1964, gewannen das Vorrundenspiel mit 15:2.

Der deutsche Profi-Radrennfahrer Rudi Altig im Gelben Trikot des Spitzenreiters am 27.06.1966 während der sechsten Etappe der Tour de France. Der Kölner fährt für den italienischen Rennstall Molteni. Altig konnte die Tour zwar nicht gewinnen, wurde aber in Deutschland zum »Sportler des Jahres« gewählt.

Der Motorradsportler und dreimalige Weltmeister Hans-Georg Anscheidt mit seiner Kreidler Rennflorett auf der Strecke der Rekordbahn von Paris-Montlhery, aufgenommen im Jahr 1964.

In den 60er Jahren konnte von den deutschen Herstellern nur Porsche in der Königsklasse des Motorsports mithalten. Dan Gurney (USA) auf Porsche 718 (F 2) vor Bruce McLaren auf einem Cooper T55-Climax beim GP von Monaco 1961.

Gegenüberliegende Seite, oben: »Bergkönig« Hans Stuck, aufgenommen im Jahre 1961 im BMW 700 RS beim Großen Bergpreis von Österreich.

Bis in die Mitte der 60er Jahre hinein wurde die AVUS in Berlin mit der sensationellen Steilkurve als Grand Prix-Strecke genutzt. Am 24.05.1964 rasen die Fahrer der Spitzengruppe des zweiten Laufes zum »Großen Preis von Berlin« durch die Nordkurve der Berliner Avus. Der Sieger kam auf eine Durchschnittsgeschwindigkeit von 198 km/h.

Eugen Böhringer unterwegs in seinem feuerroten Mercedes 230 SL bei der Rallye Akropolis 1963. Böhringer war in den 60er Jahren erfolgreicher Werks-Rallyepilot für Porsche und Mercedes.

Auch in der DDR gab es eine Zeit lang internationalen Motorsport: Am Vorstarterplatz des Sachsenringes warten am 15.07.1966 mit der Nummer 111 der Finne Leo Mattila auf Cooper und mit der Nr. 96 DDR-Fahrer Christian Pfeiffer auf SEG Wartburg auf das Zeichen zum Start der Formel-III-Rennwagen.

Beim Internationalen 6-Stunden-Rennen auf dem Nürburgring am 07.07.1968 gewinnt Hubert Hahne auf einem Werks-BMW 2002. Hahne ist einer der erfolgreichsten Tourenwagenfahrer überhaupt und knackte als erster die 10-Minuten-Marke für Tourenwagen auf der Nordschleife des Nürburgrings.

Unten: Der Rennfahrer Gerhard Mitter schließt seinen Helm vor einer Trainingsfahrt am 27. Juli 1968. Als Werksfahrer für Porsche und BMW gehört er zu den ganz großen Fahrern in der Bergmeisterschaft und bei den Sportprototypen. Noch im gleichen Jahr verunglückte er beim Training tödlich.

Die Aufnahme vom 19.05.1963 zeigt Peter Findeisen (MC Post Dresden) auf einem Melkus-Wartburg bei einer Kurvenfahrt vor dem ihn verfolgenden Belgier Jean Claude Franck auf Cooper. Die Piloten sind Akteure der Rennen auf der Bernauer Schleife, bei denen es um weitere Punkte für die Deutsche Meisterschaft in der Klasse der Formel-Junior-Rennwagen geht.

# TECHNIK

Spuren im Mondstaub: Am 21. Juli 1969 war es soweit. Der Mensch betrat den Erdtrabanten. Ein zwei Jahrzehnte dauernder, ungeheurer Wettlauf zwischen der UdSSR und den USA war diesem Ereignis vorhergegangen.

Blick auf die Atlas-Agena-Rakete vor dem Ankopplungs-Versuch durch eine am linken Kapselfenster der Gemini VIII eingebaute Kamera. Kurz danach musste der Flug abgebrochen werden, weil die Ankopplung nicht funktionierte.
Am 17. März 1966 mussten die Astronauten östlich von Okinawa (Japan) notlanden. Der Gemini-Flug gehörte zum Orbital-Raumflugprogramm der NASA von 1961 bis 1966.

# Der Mensch im Orbit

Linke Seite: Tests am Satellit Early Bird in der Hughes Aircraft Company, Los Angeles 1965. Der Early Bird war der erste künstliche Erdtrabant zur kommerziellen Nutzung der Kommunikationstechnologie für Telefon-, Fernseh- und Datenübermittlung, gestartet am 6. April 1965.

1965: Edward H. White von der Gemini-Besatzung verlässt die Kapsel für einen kurzen Ausflug.

Die Bergung der Kapsel von Apollo 8 am 27.12.1968 im Pazifischen Ozean. Taucher haben der Kapsel einen Schwimmgürtel umgelegt und bereiten den Ausstieg der Astronauten vor. Die amerikanischen Astronauten William A. Anders, James A. Lovell und Frank Borman umrundeten in der Raumkapsel Apollo 8 an Weihnachten 1968 erstmalig den Mond. Der Flug wurde allgemein als »erster richtiger Raumflug« des Menschen angesehen.

## that's one small step for a man, a giant leap for mankind ...

Der große Moment: 1969 betrat erstmals ein Mensch einen fremden Himmelskörper: Jeder fünfte Erdenbürger saß am 21. Juli 1969 gebannt vor dem Fernseher, als der Astronaut Neil Armstrong, der als erster den Mond betreten hatte, mit der Kamera die ersten tapsigen Schritte seines Kollegen Edwin Aldrin beim Spaziergang auf dem Mond einfing. Einen Tag zuvor war die Mondfähre Eagle auf dem Erdtrabanten gelandet. Die jahrelange und teure Kraftanstrengung der USA, als erstes Land Menschen auf den Mond zu schicken, war von Erfolg gekrönt. In ihren unförmigen weißen Raumfahreranzügen mit den mächtigen Helmen erkundeten Amerikaner die Landschaft des Mondes.

Mondlandung

# TECHNIK

Ohne den Computer wäre auch die Mondlandung nicht möglich gewesen. Jenseits von Wissenschaft und Forschung wurde der Computer in den 60er Jahren mehr und mehr in der Industrie zur Prozesssteuerung und im Personalwesen eingesetzt:
»Der erste automatische Produktionschef Europas, der einen ganzen chemischen Produktionszweig steuert, arbeitet für die BASF in Ludwigshafen am Rhein. Die Entscheidungen, die in seinem Elektronengehirn getroffen werden, betreffen immerhin weit über zehn Prozent der Weltproduktion an bestimmten Ausgangsstoffen für die Kunststoffherstellung und die Lackindustrie. Laufend erfasst dieser Rechenroboter Messdaten über die eingesetzten Rohstoffe und den Verlauf des chemischen Prozesses. In wenigen Sekunden errechnet er dann die preislich bestmögliche Betriebsweise und stellt die erforderlichen Änderungen direkt an den Regeleinrichtungen der Produktionsanlage ein.« Aufnahme vom September 1963.

So sehen die ersten Speicher der Elektronengehirne aus.

# Das Elektronengehirn

Das Datenverarbeitungssystem »Siemens 2002« wurde 1959 in Hannover der Öffentlichkeit vorgestellt. Es war der erste serienmäßig gefertigte, volltransistorisierte Universalrechner der Welt.

IBM

## Apparate, Operatoren

Eigentlich kein Wunder, dass die ersten Großrechner die perfekte Kulisse für Filme mit bedrohlichem Charakter boten: Männer in weißen Kitteln, Mad Scientists und Weltbeherrscher waren Herren über die Elektronengehirne, deren Speicher so viel Platz brauchte wie eine Autowaschanlage. Statt Monitoren wurden Knöpfchen, Regler und Schalter bedient, und ewig surrten und rotierten die großen Bandmaschinen ...

»Das IBM System/360 Modell 65 aus dem Jahr 1965 ist eine vielseitige EDV-Anlage für kaufmännische und technische-wissenschaftliche Bereiche, Datenverarbeitung, Informationssysteme etc. Der Hauptspeicher kann 2 Millionen Bytes aufnehmen, durch Anschluss eines Großkernspeichers kann die Kapazität auf 8 Millionen Bytes erhöht werden. An die Zentraleinheit IBM 2065 können angeschlossen werden: Plattenspeicher IBM 2311, Bandeinheiten IBM 2420 und Drucker IBM 1403.«

Das elektronische Datenverarbeitungssystem IBM 7070 im Einsatz bei den Chemischen Werken Hüls in Marl 1962. Im Vordergrund das Steuerpult des Datenverabeitungssystems, das 834.000 Rechenoperationen in der Minute ausführen kann. Mit dem System werden in nur fünfeinhalb Stunden die Löhne für rund 10.000 Arbeiter errechnet und auf Lohnstreifen geschrieben. Weitere acht Stunden dauert es, bis die Lohnkosten des Unternehmens statistisch, steuerlich und buchungstechnisch abgerechnet sind.

Das neue Ding, das die Sekretärin glücklich macht: Der Kugelkopf für die Schreibmaschine. Schriften wechseln in Sekundenschnelle.

Fast wie in der Zukunft: Während eine Sekretärin einen Brief auf einer Schreibmaschine tippt, telefoniert ihr Chef mit dem Telefon in einem Schreibabteil eines F-Zuges der Deutschen Bundesbahn. Aufnahme vom September 1968.

Simpel und funktional war das Design eines privaten Fernsprechgeräts in den 60er Jahren. Als Farbe dominierte hellgrau, in der Mitte der Wählscheibe blieb zwischen den aufgedruckten Nummern von Feuerwehr und Notruf Platz, um die eigene Telefonnummer einzutragen. Aufnahme von 1968.

# Aufnehmen, wiedergeben

1963 brachte Philips die Compact Cassette heraus, ein Tonband im Miniformat, und veränderte damit die Hörgewohnheiten völlig. Jeder konnte sein eigener DJ werden, Musik zusammenstellen, löschen, archivieren. War der Klang zunächst mono und eher mau, steigerte sich die Technik bis zu Stereo in Hifi-Qualität.

Das Stylophone, eine englische Erfindung, eroberte in den späten 60er Jahren den europäischen Markt. Es war ein Vorgänger des Casio-Keyboards und erklang auf »Space Oddity« von David Bowie sowie auf Platten von Kraftwerk. Gespielt wurde mit einem zierlichen Stift auf der Metallklaviatur.

Trinken gegen die Angst vorm Fliegen: Eine Stewardess der Lufthansa zapft in 10.000 Metern Höhe ein Bier vom Fass, aufgenommen 1963. Frisch gezapftes bayerisches Bier, Brezeln und Schinken sollen während des Fluges eine gemütliche Münchner Wirtshausatmosphäre vermitteln.

Das waren Zeiten: Als Fliegen noch richtig teuer war, musste der Service entsprechend gut sein. Persönliche Rauchwaren-Andienung in der Senator Class der Lufthansa, 1965.

Ein bisschen enger geht es schon zu in der Economy Class, aber Getränke werden ausgeschenkt, um 1966.

Als Fliegen noch gemütlich war und Bösewichte den Zug nahmen: Gepäckkontrolle in der neuen Abfertigungshalle des Düsseldorfer Flughafens, die am 27.12.1960 in Betrieb genommen wurde. Sie dient zur Abfertigung des ankommenden Fluggastverkehrs.

# Up, up and away

Wieder nur Zweiter und doch Sieger im Kampf der Systeme: Das französische Überschallflugzeug Concorde startet am 2. März 1969 vom Flughafen in Toulouse zu seinem Jungfernflug, gut zwei Monate später als das russische Überschallflugzeug TU 144, das seinen Erstflug bereits am 31. Dezember 1968 absolvierte. Immerhin blieb die Concorde fast ein Vierteljahrhundert im Dienst, ohne nennenswerte Probleme verursacht zu haben – bis zur Katastrophe im Juli 2000.

# BYE, BYE

# IMPRESSUM

Wohlstand für alle – Die sechziger Jahre


Gesamtherstellung: Indianapolis Advertising GmbH, Köln
Konzept, Text, Art Direction: Markus Caspers
Redaktion, Recherche: Bettina Caspers-Henn
Mitarbeit: Dittmar Steiner


ISBN: 978-3-625-11459-8

# ABBILDUNGSNACHWEIS

dpa/picture alliance, Frankfurt/Main: 4, 9, 10, 13, 14, 15, 16, 17, 18, 19, 20, 21, 22, 24, 25, 26, 28, 29, 30, 31, 33, 35, 36, 38, 39, 40, 41, 42, 43, 44, 45, 46, 47, 48, 49, 50, 51, 52, 53, 54, 55, 56, 57, 58, 59, 60, 61, 62, 63, 64, 65, 66, 70, 72, 73, 74, 75, 76, 77, 87, 88, 89, 90, 92, 94, 95, 96, 97, 98, 99, 100, 101, 102, 103, 104, 105, 107, 108, 109, 110, 111, 112,113, 114, 115, 116, 124, 125, 126, 127, 128, 129, 130, 131, 132, 133, 134, 135, 136, 137, 138, 139, 140, 143, 144, 145, 147, 150, 152, 153, 154, 155, 157, 160, 162, 163, 164, 165, 166, 167, 170, 172, 173, 174, 175, 176, 178, 179, 180, 181, 182, 184, 185, 186, 187, 188, 189, 192, 193, 199, 200, 201, 202, 203, 204, 205, 206, 214, 217, 218, 219, 220, 221, 222, 223, 224, 225, 226, 227, 228, 229, 230, 231, 232, 233, 234, 235, 236, 238, 239, 240, 241, 242, 245, 246, 248, 250, 251, 252

Markus Caspers, Köln: 13, 15, 23, 25, 27, 34, 35, 58, 83, 116, 117, 118, 119, 120, 121, 122, 156, 157, 158, 159, 179, 190, 197, 198, 202, 205, 207, 208, 210, 211, 212, 213, 234

Christoph Caspers, Berlin: 102, 106, 107, 110, 111, 114

COR Sitzmöbel Helmut Lübke GmbH & Co. KG, Rheda-Wiedenbrück: 6, 80, 82, 84, 85, 86, 88

Deutsches Tapeten-Institut, Frankfurt: 81

Henkel KGaA, Düsseldorf: 68, 118

IBM Deutschland GmbH, Stuttgart: 244, 246

Lufthansa AG, Frankfurt: 249

Maserati S.p.A., Modena: 206

Adam Opel GmbH, Rüsselsheim: 194, 195, 198

Philips GmbH, Hamburg: 247

Dr. Ing. h.c. F. Porsche AG, Stuttgart: 196

Winnes Rademächers, Berlin: 247

Rasch Tapeten, Bramsche: 85, 91

Gerhard Richter, Köln: 168, 169

Salamander GmbH, Offenbach: 21

Schering AG, Berlin: 27

Schöner Wohnen, Hamburg: 32, 78, 79

Siemens AG, München: 9, 243

Spiegel-Verlag, Hamburg: 42, 52, 57, 67, 193

Stiftung F. C. Gundlach, Hamburg: 142, 146, 148, 149, 151

Volkswagen AG, Wolfsburg: 195

WDR/Raquet, Köln: 132

Es war uns in einzelnen Fällen nicht möglich, für Abbildungen die Autoren oder Rechteinhaber ausfindig zu machen und zu kontaktieren. Wir bitten um entsprechende Hinweise, wenn berechtigte Ansprüche vorliegen.